秘蔵写真200枚でたどる アジア・太平洋戦争

東方社が写した日本と大東亜共栄圏

井上祐子［編著］

みずき書林

Contents

第3部　中国編

Column

凡例

- 〈図1〉の形で表記している図版（以下、図版）は、「青山光衛氏旧蔵東方社・文化社関係写真コレクション」および「林重男氏旧蔵東方社・文化社関係写真コレクション」から収録したものであり、第1部から第3部までを通し番号で表記している。はじめにでは〈図0－1〉の形で、コラムでは〈図①－1〉の形で表記している。上記以外のものから収録したものは、〈参考図版〉としている。
- 図版に写っている文字を本文に記す場合は、旧漢字、旧かなのままとした。ただし、繁体字・簡体字などで表記されている場合は、適宜常用漢字に改めた。図版、その他の資料・文献の外国語を訳す必要がある場合は、井上が日本語に訳した。
- 図版以外の資料・文献からの引用に関しては、旧漢字は新漢字に、カタカナはひらがなに改め、旧かな遣いはそのままとした。また適宜、濁点・句読点を補った。
- 当時の資料・文献からの引用には、現在では差別的で不適切と考えられる表現があるが、歴史的・時代的背景を反映させて記述したい意図から、そのまま用いた。
- 国内の地名については、基本的には現在の行政区名または地域名を記し、特に必要な場合のみ、旧行政区名を併せて表記した。
- 図版のキャプションは、タイトル、撮影時期、撮影者名を記した。タイトルについては、これまでの調査・研究を踏まえ、本書作製のために井上が付けた。撮影時期、撮影者名については、推定の場合は（　）を付した。また撮影者名が不明なものは、空欄とした。
- 参考図版のキャプションは、タイトルと所蔵者名を記し、特に必要な場合のみ、説明を加えた。参考図版のタイトルも井上が付けた。
- 図版には、共同研究「戦争末期の国策報道写真資料の歴史学的研究――国防写真隊と東方社を中心に」の過程で、ＮＨＫが作製し、共同研究に提供されたデジタルデータ、および共同研究「戦中・戦後の「報道写真」と撮影者の歴史学的研究――東方社カメラマンの軌跡」において作製したデジタルデータを使用した。なおレイアウトの都合上、元のデータの上下左右が多少切れている図版がある。またネガの傷や劣化のため、図版に点や筋などが入っているものがある。

秘蔵写真２００枚でたどるアジア・太平洋戦争

東方社が写した日本と大東亜共栄圏

はじめに
Introduction

――東方社と「東方社コレクション」

1　東方社とは

　東方社とは、陸軍参謀本部傘下の特殊機関として、主に対外向けの写真宣伝物を制作していた団体である。同社は一九四一年春に設立されたが、設立のきっかけはその二年ほど前にさかのぼる。当時陸軍は、張鼓峰《ちょうこほう》やノモンハンにおいて、ソ連との紛争に敗北していた。そのため参謀本部第二部第五課（ロシア課）と第八課（情報・宣伝・謀略）では、ソ連への宣伝・謀略の強化によって日本の威信を回復することを考え、ソ連の国家宣伝のためのグラフ雑誌『USSR in Construction（ソ連邦の建設）』に対抗しうるような雑誌の制作を、後に東方社の初代理事長となる岡田桑三《おかだそうぞう》にもちかける。

　岡田は映画俳優（芸名山内光《やまのうちひかる》）でもあったが、映画や演劇だけでなく、写真や写真宣伝物に対しても造詣が深く、当時、国際報道写真協会の同人であった。国際報道写真協会は、写真家木村伊兵衛、グラフィックデザイナー原弘《はらひろむ》、美術評論家伊奈信男らが運営していた中央工房に併設された対外写真配信機関であり、ここを拠点に彼らはソ連やドイツなど海外の雑誌や宣伝物に学びながら、写真宣伝物の研究を進め、実績も積んでいた。東方社は、この中央工房・国際報道写真協会を軸に、評論家の林達夫、民族学者の岡正雄・岩村忍、参謀本部が設立したソビエト研究所に協力していた勝野金政《かつのきんまさ》などが加わって設立された。東京市小石川区金富町（現東京都文京区春日）にあった三階建ての木造洋館を社屋とし、当初の運営資金は三井や三菱など財閥からの寄付に仰いだ。陸軍参謀本部の音頭取りで作られた東方社は、資材は陸軍から支給され、制作品もすべて陸軍が買上げるという陸軍と深く結びついた団体であったが、あくまでも民間会社で、前述のように参謀本部の特殊機関という位置づけであった。気鋭の知識人やクリエイターたちが集まって、対外宣伝物という一種の〝軍需品〟を参謀本部の下で制作していた、特殊な民間写真工房だったといえば、少しわかりやすくなるだろうか。

東方社には総務・編集・写真・美術・調査の五部が設けられ、カメラマンやグラフィックデザイナー、編集者などが集められた。東方社によったカメラマンたちについては、93頁コラム①で紹介するが、彼らは一九四一年夏頃から撮影を始めている。一九八〇年代に始まる東方社研究の先鞭をつけた元東方社社員の多川精一は、原弘の東京府立工芸学校（現東京都立工芸高等学校）教員時代の教え子で、原にその資質を見込まれて、四二年一月東方社に入社した。四三年初めにはフランス文学者の中島健蔵も入社している。中島は陸軍のマラヤ・シンガポール宣伝班に徴用されていたが、四二年末に徴用解除となり、林達夫に誘われて東方社に入った。このころ東方社の社員数は五〇名ほどだったが、その後、最盛期には一〇〇名近くなっていたらしい。図0-1は社屋の正面と門柱、図0-2は社屋の増築工事の様子である。社屋の一階に写真部・暗室と事務関係、二階に編集部・美術部が入り、三階では調査部が謀略関係の仕事をしていたらしい。ただし、四三年に入ると調査部はなくなったようである。また増築した一階のほとんどを写真部が使用し、美術部も新館に部屋を得たという。参考図版1は、一九四二年七月の静岡県伊東への慰安旅行の写真である。

一九四一年五月に作成された設立趣意書によれば、東方社は『東亜建設』という一冊一テーマの月刊グラフ雑誌の刊行を業務の中心に据えていた。同誌が予定していたテーマには、「産業戦士」、「高等専門教育」、

図0-1　東方社社屋正面　1941年冬頃

図0-2　東方社社屋増築工事　1941年冬頃

「駐日留学生」、「働く日本女性」などがあり、「日本海軍」、「日本陸軍」もあったものの、必ずしも軍事宣伝を優先したものではなかった。しかし、世界情勢が変転する中で、その性質を変えざるを得なくなっていく。つまり、四〇年九月に日独伊三国同盟が結ばれ、四一年四月に日ソ中立条約が結ばれる一方で、同年六月に独ソ戦が始まり、日本政府・軍部は南進に舵を切り、対米英戦争が必至となった。そのためにソ連を主たる対象とした国家宣伝誌『東亜建設』は、中国や東南アジアを主たる対象とした軍事宣伝誌『ＦＲＯＮＴ』へと切り替えられることとなったのである。

この情勢の変化・南進路線の決定は、雑誌の誌名や性格の変更だけにとどまらず、東方社の運営自体にも影響を及ぼした。対ソ宣伝の重要度が低くなり、東方社の設立を後押しした軍人たちが異動になると、東方社と陸軍の間に齟齬が生じはじめる。また理事の間にも対立があり、一九四三年三月に東方社は体制を改革し、林達夫が理事長となった。さらに陸軍への抑えとして、建川美次《たてかわよしつぐ》陸軍中将を総裁に迎えた。参考図版2は、建川美次名で発行された庶務の国司羊之助の身分証明書である。

しかし資金繰りは苦しかったようで、林は一九四三年九月に岩波茂雄に宛てた手紙の中で、自分が東方社

参考図版1　東方社慰安旅行　1942年7月　『FRONT 復刻版　解説 II』平凡社、1990年、23頁
前列左から桂小四郎、国司羊之助、小川寅次（横向き）、今泉武治、原弘、杉原二郎、関口満紀、蓮池順太郎。三列目右端が濱谷浩。

参考図版2　国司羊之助の身分証明書　個人蔵
「右は参謀本部の特殊機関東方社に勤務しあるものなることを証明す」と書かれている。

に参加した理由や東方社の内部事情、理事長としての苦労などを記したのち、最後に参謀本部からの更生資金が交付されるまでのつなぎの運転資金として「金五万円（出来ることならば十万円）」を拝借したいと願い出ている（岩波書店編集部編『岩波茂雄への手紙』岩波書店、二〇〇三年、一八八頁）。

この借入依頼の顛末は不明であるが、林は東方社再建の使命を果たしたとして、一九四五年四月に理事長を辞任し、その後は木村伊兵衛と中島健蔵が理事長代行として社を率いた。東方社は参謀本部に翻弄されながらももちこたえ、文化人の隠れ里となり、カメラマンやグラフィックデザイナーたちは技術を磨き続けた。東方社は敗戦直前の四五年七月に解散するが、解散後も木村・中島・原を中心に有志によって業務は続けられ、敗戦後、一〇月に文化社が立ち上げられる。

文化社（第一次文化社）では、敗戦直後の東京の様子を中心に写真撮影を行い（202頁コラム⑥参照）、写真集『東京　一九四五年・秋』（一九四六年）を出版したり、雑誌に写真を提供したりしていた。また文化社からもグラフ雑誌『マッセズ』（一九四六年一二月創刊）を刊行した。同誌は第五号で廃刊になるが、第一〜三号は労働者向けをうたった左翼的な色合いの濃いものである。陸軍傘下の団体であった東方社が、戦後の文化社では左翼路線をとったことは意外に思われるかもしれないが、東方社最後の編集部長で文化社の代表になった山室太柁雄《やまむろただお》は、元は日本プロレタリア芸術連盟に所属し、劇作家を目指していた文筆家であり、東方社には山室だけでなく演出家の山川幸世《やまかわゆきよ》など左翼文化人も加わっていた。『マッセズ』第一〜三号の左翼路線は、世間の風潮もあるだろうが、山室らのリードにもよるものであろう。

第一次文化社は、東方社から引き継いだフィルムや資材を使ってこれらの業務を進めていたが、インフレの影響などで運営が軌道に乗らず、四六年末ごろに解散する。その後、第二次文化社が設立され、『マッセズ』の出版を引き継いだりしたが、同社も四七年末には解散することになり、東方社・文化社の六年半にわたる活動は終焉した。

東方社は陸軍参謀本部の傘下で活動していたが、社員たちがみな陸軍を支持し、戦争に賛同していたというわけではなく、自由主義的あるいは左翼的な思想をもつ人たちもいた。戦時下の日本では、国民はみな戦争協力を強いられており、協力しなければ身に危険が及びかねない状況にあった。その中で、彼らは自らの知識や経験、技術を生かしながら、自分たちの身を守るために、憲兵や特高警察が手を出せない東方社への参加という選択をしたのである。とはいえそれは陸軍の懐に入ってまでの戦争協力であったため、戦後、東方社の関係者たち、特に中枢にあった人たちは東方社について多くを語らなかった。そのためもあって、現在に至るも不明なことが多く、全容の解明には至っていないが、これまでの東方社研究については、巻末の参考・参照文献リストを参照されたい。

2 『FRONT』とその他の宣伝物

東方社の主要な仕事としては、まず『FRONT』をあげなければならないだろう。『FRONT』は言葉よりも写真とグラフィックデザインという視覚的な表現に重点を置いて、主に大東亜共栄圏に向け、日本の力や主張を示すために作られた大判のグラフ雑誌である。一九四二年二月に創刊号となる1－2合併号「海軍号」（「 」内は通称名）が発行され、続いて三月に「陸軍号」（3－4号）が出された。以後、「満州国建設号」（5－6号）、「落下傘部隊号」（7号）、「空軍（航空戦力）号」（8－9号）、「鉄（生産力）号」（10－11号）が四三年に、「華北建設号」（12－13号）、「フィリピン号」（14号）、「インド号」（特別号）が四四年に刊行された。「戦時東京号」（特別号）はおそらく四五

表1 **『FRONT』刊行リスト**（『FRONT 復刻版 解説 I 』平凡社、1989年、33頁）

No.	通称	判型	ページ数	外国語版	制作年	表紙（1-4）印刷	本文写真印刷	文字印刷
1–2	海軍号	A3判	68	15ヵ国語（ほかに国内版）	1942（昭17）	グラビア2色	グラビア1–2色	オフセット1
3–4	陸軍号	A3判	68	15ヵ国語	1942（昭17）	オフセット5色	グラビア1–2色	オフセット1
5–6	満州国建設号	A3判	68	中・英・露・タイ・仏・日、ほか不明	1943（昭18）	オフセット3色	グラビア1–2色*	オフセット1
7	落下傘部隊号	A3判	40	中・英・露・日	1943（昭18）	オフセット4色	グラビア1色	オフセット1
8–9	空軍（航空戦力）号	A3判	68	中・英・露	1943（昭18）	オフセット5色	グラビア1–2色	オフセット1
10–11	鉄（生産力）号	A3判	68	2ヵ国語併記（中・英）	1943（昭18）	グラビア2色	グラビア1–3色	
12–13	華北建設号	A3判	68	2ヵ国語併記（中・日）	1944（昭19）	グラビア4色	グラビア1–2色	
14	フィリピン号	A3判	52	2ヵ国語併記（英・中）	1944（昭19）	オフセット5色	グラビア1–2色*	
特別号	インド号	B4判	52	英語（一部中国語）	1944（昭19）	オフセット7色	グラビア1–2色	
特別号	戦時東京号	B4判	52	中国語（写真説明カタカナ）	1945（昭20）	オフセット5色	グラビア1色	
特別号	戦争美術号	B4判	—	—				

- 『FRONT』は特集システムをとっていたが、各号に正式な呼称はなく、上記の名称は当時における関係者間の通称である。
- 「満州国建設号」の満州国向け中国語版・日本語版、および「インド号」「戦時東京号」の表紙には『FRONT』の表題はなく、別な題名が付けられている。
- 上記のページ数は表紙4ページを含む。折込みなどの変則ページは、1ページ分のスペースを1ページとして計算した。
- 創刊時の外国版は次のとおり。中国語、英語、ドイツ語、フランス語、ロシア語、スペイン語、オランダ語、ポルトガル語、タイ語、ベトナム語、インドネシア語（オランダ式表記、英語式表記の2種）、蒙古語、ビルマ語、インド・パーリ語。
- 「落下傘部隊号」は進行が早く、「満州国建設号」より先に刊行された可能性がある。
- 一部日本語版を除き、発行年月日はすべての号に表示がない。また「華北建設号」以降は奥付もない。
- 2ヵ国語併記の場合、先に表示したのが主たる表記。
- *印の号は本文写真ページに一部多色カラー印刷あり。
- 「戦争美術号」は、敗戦のため刊行には至らなかった。

年四月半ば以降の空襲で焼失し、刊行には至らなかった。表1にあるとおり、「フィリピン号」まではA3判、特別号はB4判で、紙も特注の豪華な作りであった。「海軍号」と「陸軍号」は一四カ国語一五種類の言語に翻訳され、「海軍号」は総計六万九〇〇〇部が発行されたという。しかしその後は使用言語も発行部数も漸次減少し、前述の林達夫の岩波茂雄宛書簡によると、四三年秋頃の発行部数は三万部になっていた。

一九三〇年代には、前述の『USSR in Construction』やアメリカの『LIFE』をはじめ、各国で報道や宣伝のために、グラフ雑誌が作られていた。戦時下のグラフ雑誌は宣伝戦の一角を担うメディアであり、だからこそ軍部も国内向けに『写真週報』(一九三八年二月創刊、内閣情報部)を刊行するなど、その制作に力をいれていたのである。『FRONT』も対外宣伝戦を担う主要なグラフ雑誌であり、レベルの高い技術者と知識人が協力して作り上げた同誌は、〝戦時下グラフ雑誌の白眉〟と言われるほど洗練された見事なもので、内外の他のグラフ雑誌に比しても優れた出来栄えである。しかし、そこに問題がないわけではない。

『FRONT』のグラフィックワークの質の高さとそれがはらむ問題については、これまでの研究で明らかにされてきているが、ここでも簡単に触れておこう。

『FRONT』の最大の特徴は、クローズアップや特異なアングルから撮影された写真などを駆使し、モンタージュや写真の合成も利用して作りあげたダイナミックな誌面構成にある。『FRONT』のレイアウトは、「空軍号」を今泉武治《いまいずみたけじ》が担当したほかは、美術部長の原弘が手がけた。『FRONT』の制作は基本的には、まず編集担当者が一冊を通したストーリーを作り、そのストーリーを編集部・美術部・写真部の主だった人々で検討し、練り上がったストーリーを視覚化・画面化するという手順で行われた。軍事関係では軍事力の誇示が求められたため、見開きA2判という大画面にさまざまな手法で日本軍の力が示された。たとえば「陸軍号」では、歩兵・自転車・戦車・砲車がそれぞれに進軍する写真を組合せ、スピード感をあげながら、それらが一体となって突き進む迫力ある頁を作ったり、広角から段々に対象にズームインしていく映画的な手法を用いたりしている。「落下傘部隊号」では、画面中央に機関銃を構える兵士のクローズアップを置き、上下に連続写真で部隊の動きを表現することで、静と動を組合せ、見る者をひきつける画面を作り出している。また「華北建設号」や「フィリピン号」でも、隊列の写真をモンタージュすることで、隊列が迫る高揚感を感じさせる頁がある。

すでに指摘のあるように、『FRONT』においては写真は、「それぞれ特定の時間と空間とを専有する個体としての意味を剥奪され…（中略）…「イデオロギー」をわかりやすく視覚化するための記号として組織化されている」（飯沢耕太郎「写真史のなかの『FRONT』」『FRONT復刻版　解説I』平凡社、一九八九年、一三頁）。『FRONT』の「イデオロギー」、つまり全号の底に流れる主張は、〝欧米列強のアジア支配に終止符を打ち、アジアを解放することが日本の使命だ〟というものである。後半期の特定の国や地域をテーマにしたものでは、それぞれの国や地域の現実にそってもいるが、『FRONT』は写真とレイアウトによって日本の主張を視覚化し、日本と大東亜共栄圏の理想イメージ＝あるべき理想像を可視化したものといえよう。

しかし、一冊を貫くストーリーを練り、それを写真によって画面化するのは、時間のかかる作業であり、その発行は間遠であった。さらに戦局が悪化してくると、日本の物資の豊かさを誇示するための重さと大きさが災いし、配布にも困難を来たしてくる。そのため東方社では、小回りのきく対象別の小型パンフレットや写真ポスターなどの制作を増やしていった。それらはストーリーよりも端的な視角演出で宣伝効果を狙う

参考図版 3
『戦線』（タイトルなし、華僑向け）　個人蔵

参考図版 4
ビルマを題材にした小型宣伝物
『戦線』の一種と思われる。　個人蔵

もので、特に中国・華僑向けの宣伝物に力が入れられた。小型宣伝物の中心となった『戦線（バトル・フロント）』は頁を開くごとに画面が広がり、最終的にはA全判、B2判などの大画面になるもので、写真ポスターとしても使用できた。参考図版3は表題はないが、多川精一が制作した華僑向けの『戦線』であり、参考図版4は独立一周年を迎えるビルマ（現ミャンマー）を題材にした中国語の宣伝物である。そのほかに、『写真』という小型グラフ雑誌や『青与紅』という文芸雑誌なども作られていた。

図0-3、0-4は、ネガホルダーに「報道部長会議部員来訪」とメモのある写真で、一九四五年初頭ごろに陸軍報道部関係の将校たちが東方社に視察にきたときの様子であると思われる。図0-3では机の上に東方社の宣伝物が並べられており、左手前に「8-9」、「10-11」などの数字が見えるのが『FRONT』である。その左に見える「ASIA IS ONE」は、大東亜会議と大東亜結集国民大会をテーマにした『戦線』であり、その上におそらく『戦線』を開いた状態にしたものが置かれている。左端に二冊あるスクラップブックの左の方の表紙には、「昭和十九年　仏印宣伝資料　第四班」と書かれている。第四班とは、当時東方社を管轄していた参謀本部第二部第四班のことであろう。図0-4では、軍人たちが美術部の作業の様子を、説明を受けながら見学している。中央で座って作業をしているのは多川精一だと思われる。

図0-3　東方社の制作物を見る陸軍報道部の軍人たち（1945/1頃）

図0-4　制作作業の様子を見る陸軍報道部の軍人たち（1945/1頃）

3 「東方社コレクション」とは

東方社は空襲に備えて、一九四四年五月に九段下の野々宮ビルに移転した。しかし敗戦後ほどなく同ビルの売却にともない、事務所を移転する。一旦は神保町の商店の店先などを借りていたようだが、小石川の旧社屋の焼け跡に新社屋を建て、四六年夏頃からはそこで文化社の仕事を進めた。多川精一は「撮影ネガは文化社解散後、原則として各撮影者に渡されている」(『戦争のグラフィズム――『FRONT』を創った人々』平凡社ライブラリー、二〇〇〇年、三一三頁)と記しており、おそらく第一次文化社が解散する頃に、写真部長であった木村伊兵衛の発案でネガフィルムをそれぞれの撮影者に分配したものと思われる。

東方社でも敗戦時に制作物や書類などを焼却している。しかし、ネガは処分されずに残されていた。敗戦後の一九四五年一〇月、東方社のカメラマンであった菊池俊吉と林重男は、日本映画社の依頼で原子爆弾災害調査研究特別委員会の調査団に同行し、広島と長崎の原爆被害の写真を撮影した。GHQからそれらのネガの提出を求められたとき、木村伊兵衛は、「私ら写真家が撮影したネガフィルムは、あなた方の武器と同じだ。私たちはこれで仕事をしている。このフィルムが必要だというなら、あなた方の武器と交換しよう」(前掲多川『戦争のグラフィズム』二九九頁)といって、彼らのネガを守ったという。すべてのカメラマンにいえることであろうが、木村伊兵衛、そして木村に学んだ東方社のカメラマンたちにとって、ネガは何物にもかえがたい大事なものであった。しかし疎開者などもあったからであろう、東方社・文化社のすべてのネガフィルムがそれぞれの撮影者に渡ったわけではなく、一部のネガが文化社の社屋に残された。

これら社屋に残されたネガフィルムが、後に文化社の社屋を買い取った青山光衛氏によって発見された。青山氏も関係者への返還を試みられたようだが、うまく行かなかったらしい。その後青山氏は、東京都写真美術館の学芸員だった岡塚章子氏(現東京都江戸東京博物館学芸員)に、このネガ群の調査を依頼され、整理を進められた岡塚氏によって、これらのネガが東方社のものであることが確定された。青山氏が亡くなられた後、女婿の中村眞二氏がネガの保管を引き継がれていたが、岡塚氏とも相談の上、中村氏が二〇一〇年にこれらのネガフィルム一式を公益財団法人政治経済研究所付属東京大空襲・戦災資料センターに寄贈することを決定された。

政治経済研究所では共同研究を立ち上げ、日本

学術振興会の学術研究助成基金助成金（基盤研究C、二〇一一～一三年度、課題番号23520853、研究代表者山辺昌彦、研究課題「戦争末期の国策報道写真資料の歴史学的研究――国防写真隊と東方社を中心に」）を得、この「青山光衛氏旧蔵東方社・文化社関係写真コレクション」（略称「東方社コレクション」）の整理・研究に着手した。筆者も参加したこの共同研究の成果については、三冊の研究成果報告書にまとめている（212頁参考・参照文献リスト参照）。

この共同研究の過程で、東方社のカメラマンであった林重男・別所弥八郎両氏のご遺族から、両氏に渡されていた東方社・文化社時代のネガフィルムなどの資料の提供を受けた。そこで政治経済研究所では共同研究を継続し、再度、学術研究助成基金助成金（基盤研究C、二〇一四～一六年度、課題番号26370810、研究代表者井上祐子、研究課題「戦中・戦後の「報道写真」と撮影者の歴史学的研究――東方社カメラマンの軌跡」）を受け、林・別所両氏所蔵資料と同じく東方社のカメラマンであった菊池俊吉氏所蔵のネガフィルムの一部について、整理・研究を進めた。その研究成果も二冊の報告書で公表した（212頁参考・参照文献リスト参照）。このうち林重男氏の資料については、共同研究終了後にご遺族から東京大空襲・戦災資料センターにご寄贈いただくことになり、この資料群を「林重男氏旧蔵東方社・文化社関係写真コレクション」（略称「東方社コレクションII」）と称することとした。

「東方社コレクション」には一万七五〇〇コマほどのネガが存在する（参考図版5）が、その中には東方社社員の顔写真や社員の家族の写真、雑誌類の複写、さらには東方社以外の機関で撮影されたと思われるものもある。それらと文化社時代に撮影された二〇〇〇枚余りを除いた、東方社時代に東方社のカメ

参考図版7
東方社の35mmフィルム用ネガファイル（表紙） 東京大空襲・戦災資料センター蔵 ネガ記号がはがれているが、ネガ記号Eロのネガファイルの表紙。

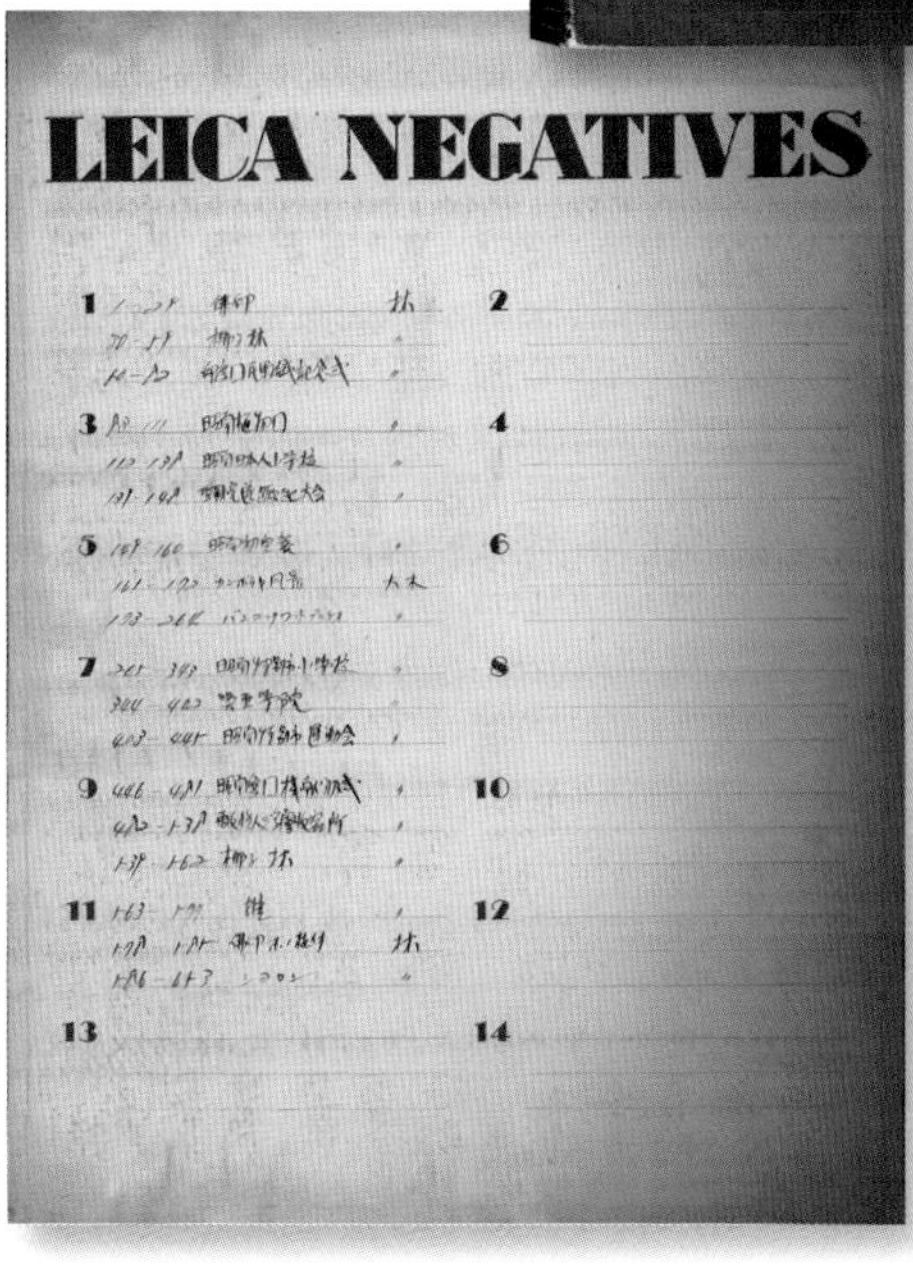

参考図版8
東方社の35mmフィルム用ネガファイル（表紙裏） 東京大空襲・戦災資料センター蔵 ネガ記号Eロのネガファイルの表紙裏。ネガ番号、内容、撮影者が記されている。

参考図版5（右頁右）
「東方社コレクション」のネガ収納箱 東京大空襲・戦災資料センター蔵 中が見えている中央と右奥の浅い箱が35㎜フィルムの収納箱で、手前がブローニー判フィルムの収納箱。

参考図版6（右頁左）
「東方社コレクションII」のネガとネガ収納箱 東京大空襲・戦災資料センター蔵 「東方社コレクション」「同II」ともに、35㎜フィルムは、1～6コマで裁断されたフィルムを1本づつ中性紙のネガホルダーに移し替えた上で、専用の箱に収納している。6×6のブローニー判フィルムのネガホルダーは、ひとつのホルダーに12枚のネガが収納されている。

ラマンが何らかの出来事や事象を撮影した写真は、約一万二〇〇〇枚である。

「東方社コレクションⅡ」には、東方社時代のネガ約八一〇〇コマと文化社時代のネガ約一六〇〇コマの合計約九七〇〇コマのネガが存在する（参考図版6）。ネガの一部は、東方社で使用されていたと思われるネガファイルに収められていた（参考図版7、8）。多くが林重男の撮影であるが、林撮影と間違えられて林に渡されたもの、あるいは世話好きで面倒見のよかった林が返却の仲介を頼まれたものの返しきれなかったと思われるものもあり、林以外の撮影者が撮影したものも含まれている。参考図版9は、林重男が戦後に作製したと思われるコンタクトプリントを貼ったアルバム。

「東方社コレクション」「同Ⅱ」ともに三五ミリフィルムが大半であるが、6×6のブローニー判もあり、6×9判もわずかに含まれている。「東方社コレクション」には6×6判のカラーフィルム二六枚が含まれているが、その他はすべてモノクロである。また撮影日、撮影場所、撮影者、被写体などに関する文字情報は、ネガホルダーやネガファイルのメモ等（参考図版8、10）に限られており、それらからわかることもあるが、基本的な情報が不明なものも少なからずある。

前述の共同研究においては、文字情報や写真に写っているもの、あるいは他の文献などを参考にして、できるだけ写真に関するデータの確定に努め、撮影時期・撮影場所・テーマが同じで一連と思われる写真群をそれぞれシリーズとして分類しながら、写真の解読を試みた。そして、不十分ながらも全てのネガについてネ

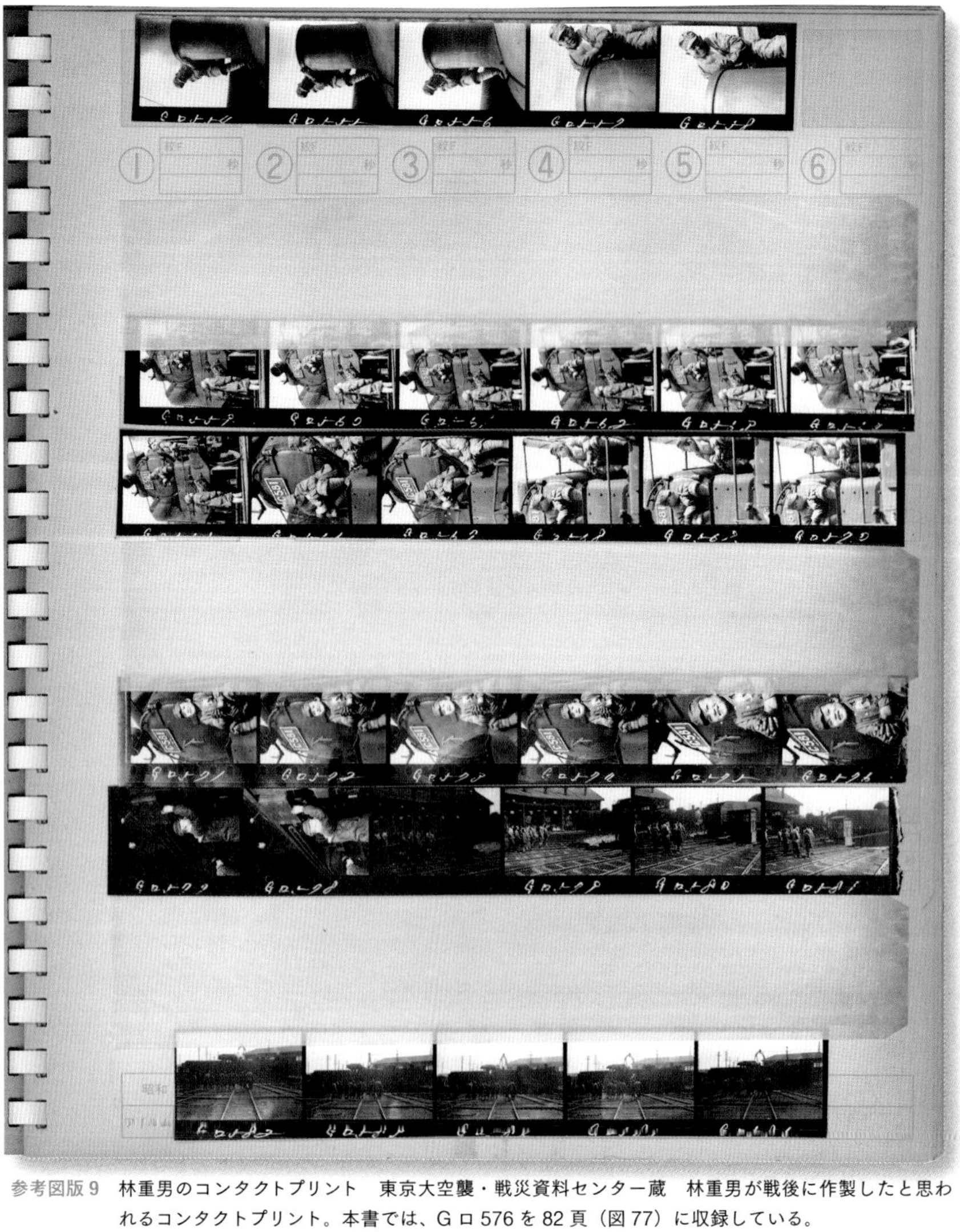

参考図版9　林重男のコンタクトプリント　東京大空襲・戦災資料センター蔵　林重男が戦後に作製したと思われるコンタクトプリント。本書では、Gロ576を82頁（図77）に収録している。

ガリストを作成し、解題を付し、前述の報告書にまとめた。なお巻末の収録図版リストのシリーズ名や撮影時期・撮影場所等の情報は、基本的には共同研究の研究成果に基いているが、一部筆者が今回訂正・変更したところもある。

4　本書の視角と構成

東方社写真部で撮影した写真は、基本的には『FRONT』をはじめとする宣伝物に利用するための写真であった。前述のように『FRONT』では、写真撮影以前にストーリーや画面構成が決められていたため、写真もその方向に縛られた。被写体となる人々や部隊にポーズや注文をつけたり、通常とは違う配置にしてもらうなど、東方社の写真に演出が入っていることは、カメラマンの証言などから明らかである。「東方社コレクション」「同Ⅱ」にも、そのような演出が施されたと思われる写真が、少なからず含まれている。しかし、すべてが宣伝のための演出写真ではなく、またそれらの演出写真も含めて時代の記録である。東方社のカメラマンたちは、国内あるいは日本が直接・間接に支配した国や地域で、人々の暮らしや各種行事、学校や訓練所・養成所での授業や訓練の様子、空襲の被害状況などさまざまな出来事や事象を撮影していた。記録と宣伝は地続きにあるものであり、演出が入っているとしてもこれらは「記録写真」というべきであろう。

本書は、「東方社コレクション」および「同Ⅱ」に含まれる、東方社のカメラマンたちが東方社時代に撮影した「記録写真」約二万点の中から選んだ二〇〇点の写真を収録している。前述のように、共同研究の過

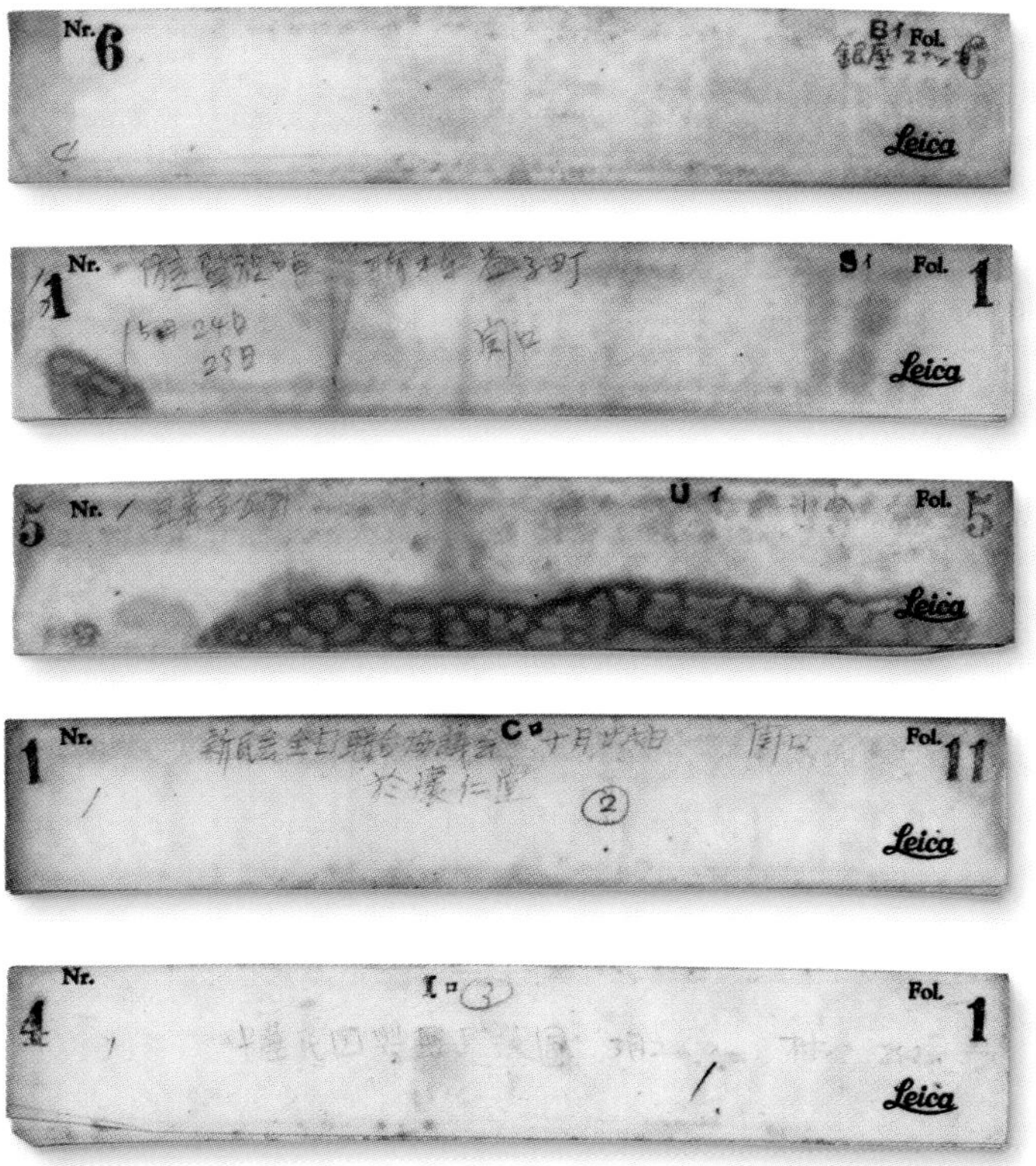

参考図版 10　東方社の35mmフィルム用ネガホルダー　東京大空襲・戦災資料センター蔵
東方社で使用していた35㎜フィルムのネガホルダーには、ネガ記号と「Nr.」、「Fol.」の数字の判が押されているが、「Nr.」は手書きの数字が付け加えられている場合もある。ここにあげたもののように、内容、撮影者、撮影日などが記入されているものもあるが、何の記載もないものも多い。

程で「東方社コレクション」「同Ⅱ」の写真をシリーズとして分類しており、本書では、なるべく多くのシリーズから写真一点~数点を選んで収録するようにした。しかし各シリーズの枚数には多寡もあり、事柄の重要性や内容の解読にも深浅があるため、すべてのシリーズを等しく網羅できているわけではない。またネガの劣化などによりやむなく収録を断念したものもある。そのため、必ずしも「東方社コレクション」「同Ⅱ」の全体像を的確に反映できているとはいえない。もとより「東方社コレクション」「同Ⅱ」も東方社の写真のほんの一部であり、全体を見渡せるものではない。しかしながら、東方社のカメラマンたちがいつ、どこで、何をどう撮影していたのか、その一端はかいまみえるのではないかと考えている。本書では、写真それぞれが写された固有の時と場所の中に写真を差し戻し、写真と背後の時代状況とを結びつけることで、これらの写真を歴史の史料とし、そこからアジア・太平洋戦争を見つめ直していきたい。

本書では、写真が撮影された国により、第1部国内編、第2部東南アジア編、第3部中国編の三部に分けた。第1部の国内の写真は、内容の変化にしたがい、四期に分けて紹介する。第1期が一九四一年九月頃~四二年九月頃、第2期が一九四二年一〇月頃~四三年七月頃、第3期が一九四三年八月頃~四四年末頃、第4期が一九四五年一月頃~四五年六月頃であり、それぞれを第1章~第4章としている。第2部・第3部の海外の写真については、海外取材出張ごとに章を立てた。

前述のように、共同研究の過程でそれぞれの担当者が写真の解読を進めた。本書では共同研究の成果を踏まえながら、筆者が再度調査・確認を行い、現段階で判明している誤りは訂正し、調査の行き届かなかった点は補足した。

戦時下では軍機保護法などにより写真を撮影できない場所や対象があった。もとより写真には写せないものもある。陸軍傘下の団体であった東方社のカメラマンは特権的な立場にあったが、業務の性質もあり、戦争がもたらした悲しみや苦しみ、悲惨な事実を写した写真は限られている。東方社の写真に写し出されているのは現実の一面であり、戦時下の人々と社会の姿を正しく知るためには、他の資史料や文献と合わせて見ていく必要があろう。しかし本書の写真も、アジア・太平洋戦争のなかで、日本あるいは大東亜共栄圏に組み込まれた地域の人々がどんな日常をおくり、社会がどう動いていたのか、それを知る手がかりにはなるだろう。本書が戦時下の社会と戦争の時代を生きた人々について考える糸口になれば幸いである。

第1部
国内編

第1章 陸戦部隊と航空

第1期 一九四一年九月頃―四二年九月頃

本章では、東方社の撮影が本格化する一九四一年九月頃から、翌四二年九月頃までの写真を紹介する。一九四一年一二月八日のアジア・太平洋戦争開戦をはさむこの時期は、『FRONT』の軍関係各号の制作が進められており、陸軍の諸学校や航空関係の行事、航空機産業など、陸戦部隊と航空に関係する取材が精力的に行われていた。さらに、明治神宮国民体育大会や満洲国建国一〇周年慶祝行事など大きな行事の写真も残されている。

図1（左頁上）
靖国神社で整列する近衛騎兵　1941/10
撮影：関口満紀

図2（左頁下）
名古屋城で整列する歩兵聯隊　1941年秋
撮影：関口満紀

第1節●陸戦部隊の訓練と行事

図1〈靖国神社で整列する近衛騎兵〉は、靖国神社の一九四一年秋の臨時大祭に際して、近衛騎兵が参拝している写真である。刀礼の投げ刀の姿勢をとる将校の後ろには、供奉旗をもつ槍騎兵が整列している。この写真の前には、騎兵が参道を進んでくる様子や近衛歩兵聯隊の参拝の様子も撮影されており、『FRONT』「陸軍号」には、近衛歩兵聯隊が整列して捧げ銃をしている写真が掲載されている。

図2〈名古屋城で整列する歩兵聯隊〉は、名古屋城を背景に歩兵第7聯隊の将兵が整列している様子を撮影している。将校は刀礼の肩刀の姿勢を、兵は小銃に着剣して立銃の姿勢をとっている。『FRONT』「陸軍号」にも、名古屋城であるかどうかは不明だが、城の中を行進する歩兵の写真が掲載されている。城は武士を連

想させるものであり、靖国神社も城も日本軍の精神的な支柱となる場所であった。それらの場所で撮影された、陸軍部隊の統制のとれた様式美を表すこれらの写真には、日本軍の規律の正しさや神聖なイメージを受け手に与える狙いがあったと思われる。

一方、代々木練兵場で撮影された図3〈歩兵部隊の野外演習〉は、装備をつけ、偽装して、着剣した小銃を手に走り出す歩兵たちをとらえた動的な写真である。図4〈自転車部隊の野外演習〉は、同じく歩兵であるが、自転車部隊の演習を撮影したもので、先頭の指揮官は双眼鏡で前方をうかがっている。自転車部隊は、アジア・太平洋戦争緒戦のマレー攻略作戦などで活躍し、〝銀輪部隊〟として有名

図3　歩兵部隊の野外演習　(1941/10) 撮影：関口満紀

図4　自転車部隊の野外演習　1941年秋　撮影：(木村伊兵衛)

図5　通信術の野外演習　1941年秋

になった。この写真では、カメラポジションを低くして、長く続く自転車と兵士の列をとらえながら、小銃を背に伏せる手前の兵士たちの表情も写し込んでいる。図5〈通信術の野外演習〉は、煙幕の煙が立ち込める中、電話線を設置しているものと思われる。このシリーズの写真は『ＦＲＯＮＴ』には掲載されていないが、このような戦闘を背後で支える部隊の活動を撮影したものも、「東方社コレクション」の中には残されている。

図6〜8〈歩兵のポートレート①〜③〉は陸軍歩兵学校で撮影された写真で、軍装は異なるがネガ番号が続いており、同じ時に軍服を変えて撮影されたものと思われる。図6は陸軍歩兵の通常の冬衣であり、襟章・肩章から歩兵第62連隊の上等兵とわかる。図7は外被（外套）を着用、図8は防寒外套に防寒帽、手袋など極寒地用の最高度の防寒の装備を身につけている。『ＦＲＯＮＴ』「陸軍号」では、図8の極寒地用の装備の別カットの写真が掲載されている。

陸軍歩兵学校は一九一二年、現在の千葉市稲毛区に設立され、歩兵に必要な学術の教育や訓練を行うとともに、歩兵に関する学術の調査研究、歩兵用兵器や資材の研究試験を行なっていた。

図9〈戦車学校の演習〉は、千葉陸軍戦車学校で撮影された95式軽戦車の写真で、すぐ後ろのほか、右奥にも戦車が数台見える。95式軽戦車は97式中戦車とともに当時の主力戦車として使用された。95式軽戦車の乗員は三名で、この写真では車長が展望塔から出て前方を見ている。陸軍戦車学校は一九三六年八月に千葉県習志野の陸軍騎兵学校に仮設置されたのち、同年一二月、千葉市稲毛区に移転した。戦車の構造や機能は複雑であり、戦車の操縦、射撃、整備などの実技を身につけるには、優れた能力が必要だったという。陸軍がもともと想定していた対ソ連戦では戦車部隊は最も重要な部隊で

図6　歩兵のポートレート①　1941年秋　撮影：（木村伊兵衛）

図7　歩兵のポートレート②　1941年秋　撮影：（木村伊兵衛）

図8　歩兵のポートレート③　1941年秋　撮影：（木村伊兵衛）

図9　戦車学校の演習　1941年秋

あり、陸軍の要請もあって、東方社では写真部総出で戦車学校の撮影に出向いた。『FRONT』「陸軍号」には、このとき撮影されたと思われる97式中戦車など、何枚かの戦車の写真が掲載されている。『FRONT』「陸軍号」は、これら陸軍の諸部隊・諸学校の写真を使用して、〝アジアの解放のためにたちあがった日本陸軍〟の力強さと規律の正しさを表現し、日本が占領した東南アジア諸国や中国をはじめ世界各国へ向けて、日本の正当性を訴えかけている。

第2節●航空

本節では、第1期に撮影された陸軍と民間の航空関係の写真を紹介する。航空戦力が戦争の帰趨を決める大きな要因となる中、飛行兵を育て、飛行機を増産することが、軍民あげての大きな課題となっていた。

図10〈浜松陸軍飛行学校の飛行訓練〉は、浜松陸軍飛行学校の編隊飛行訓練の様子を撮影したもので、後ろに富士山が見える。97式重爆撃機の尾翼には、「ハマヒ」をデザイン化した同校のロゴマークが描かれている。浜松飛行学校は、重爆撃飛行隊に必要な学術教育・訓練を行うとともに、重爆撃飛行隊に関する学術や兵器の調査研究を行なっていた。ちなみに軽爆撃飛行隊の教育や調査研究については、鉾田陸軍飛行学校で行われていた。

図11〈熊谷陸軍飛行学校での訓示〉は、熊谷陸軍飛行学校の飛行訓練に際しての訓示の様子であり、後ろに見える練習機の尾翼に

図 10　浜松陸軍飛行学校の飛行訓練（1941/11 ～ 12 頃）撮影：関口満紀

図 11　熊谷陸軍飛行学校での訓示（1942/3）撮影：（濱谷浩）

は、〇に中央横線の同校のロゴマークが描かれている。この写真の撮影者は濱谷浩と推定されるが、96頁コラム②で紹介する濱谷の撮影ノートによると、一九四二年三月一七～一八日に同校で撮影を行なっており、操縦演習のほか、教室での学科教育や生活の様子も撮影の予定に組み込まれていた。陸軍は一九三三年に少年飛行兵の制度を採用しており、熊谷飛行学校は、基礎訓練を終えた少年飛行兵に飛行機操縦の実習を行う学校として三五年に設立された。一九四〇年頃からは、陸軍士官学校卒業とともに航空に転科した将校学生なども入校したという。

三菱造船と三菱航空機の合併によって一九三四年に設立された三菱重工業は、造船を中核としていたが、中島飛行機と並ぶ航空機のトップメーカーでもあった。**図12**〈三菱重工業の航空機工場〉は同社の航空機工場をとらえたもので、図10に写る97式重爆撃機を製造しているところではないかと思われる。右手前で作業をしているふたりの工員との比較で、航空機の大きさや工場の広さが想像できるだろう。同社では97式重爆撃機のほか、96式艦上戦闘機、零式艦上戦闘機（ゼロ戦）、1式陸上攻撃機などを製作した。『ＦＲＯＮＴ』「陸軍号」にもこのシリーズの別の写真が掲載されているが、工場を広くとらえた写真の上に工員が作業をする写真がモンタージュされ、機密は隠されている。軍機保護法などにより軍需工場の撮影や公開には規制があったが、日本の軍事力、航空機の生産能力を示すためであろう、三菱重工業航空機工場は来日した外国人要人や留学生たちの見学のコースによく組み込まれていた。

図13〈グライダーの飛行訓練〉はグライダーの飛行訓練を行う青年たちを写したもので、大日本飛行協会の中央滑空訓練所で撮影されたと思われる。新体制期には、あらゆる分野で諸団体の一本化が進められたが、大日本飛行協会も一九四〇年九月の民間航空団体統合の閣議決定を受け、帝国飛行協会を母体に、日本学生航空連盟、日本帆走飛行連盟、大日本青年航空団を統合して設立された。同協会設立の目的としては、航空に関する訓練と指導の実施、航空思想の普及徹底、航空諸般の進歩発達を図ることによって国防の完成に寄与することがうたわれた。茨城県石岡市にあった中央滑空訓練所は、三〇万坪のグライダー場を擁する滑空訓練指導の中核施設で、ここで滑空指導員の養成が行れたが、大日本飛行協会ではこのほかに約一五〇カ所の地方滑空訓練所を整備し、一般人や学徒に航空基礎訓練を実施した。

一九四一年三月、大日本飛行協会と大日本青年団の協力により、大日本航空青少年隊が大日本飛行協会に付属する形で結成された。**図14**〈東京府市航空青少年隊指導員作品展の会場〉は、大日本航空青少年隊の地方組織である東京府と東京市の航空青少年隊の指導員が作製した模型飛行機の展示会を撮影したものである。航空青少年隊の指導員は、大日本飛行協会の滑空訓練所で指導を受けた青年学

図12（右頁上）
三菱重工業の航空機工場（1941/11～12頃）
撮影：大木実

図13（右頁下）
グライダーの飛行訓練
1942年夏

図14　東京府市航空青少年隊指導員作品展の会場（1942/9頃）

校の教員などが務めていた。模型飛行機の製作は、航空に関する理論や科学的知識を身につけるために重要視されており、大日本飛行協会では模型機界の統制指導にあたるとともに、このような模型飛行機の製作指導を通して、航空への関心と知識を高めることにも努めていた。左奥にはドイツなど海外の飛行機の絵などが飾られているのも見え、海外の情報なども提供して、飛行兵への憧れをかきたてようとしていたことがうかがえる。

さらに大日本飛行協会は、九月二〇日の航空日のさまざまな行事の実行にもあたった。航空日は航空思想の普及を図るための記念日として、天候の良い時期を選んで一九四〇年に制定された（同年のみ九月二八日）。航空日には、陸海軍や情報局などが後援して、飛行場での飛行大会やデパートなどでの航空展覧会、航空講演会などが行われ、国民、中でも青少年の航空への憧れ・関心を高めることが図られた。図14も四二年九月二〇日の第3回航空日にちなむものであったのではないかと思われるが、図15〈軍用機の献納式〉は、第3回航空日に際して行われた陸軍への軍用機献納式の写真で、東条英機首相が献納者たちに感謝状を授与しているところだと思われる。『朝日新聞』（一九四二年九月二一日夕刊）「空の陣列へ銃後の赤誠」および『日本ニュース』一二〇号（一九四二年九月二二日）「航空日荒鷲献納式」によると、東条首相は九月二一日に所沢飛行場で行われた献納式に出席しているので、そのときの様子であろう。

日本帆走飛行連盟や大日本青年航空団は、青年や一般愛好者にグライダーを通して航空の知識や実技を教えようとする団体であったが、大日本飛行協会は、さまざまな活動を通して、単に知識や実技

図15　軍用機の献納式（1942/9/21）

を教えるにとどまらず、青少年たちの飛行兵への憧れを醸成し、彼らを戦争に送り込む一翼を担ったといえるだろう。『ＦＲＯＮＴ』「空軍号」には、ここに掲載したものではないが、グライダーの飛行訓練をする学生と模型飛行機を作って飛ばす男子児童を撮影した写真が掲載されている。

第3節●明治神宮国民体育大会と慶祝行事

陸軍は明治時代に主に広さの問題から、演習場を日比谷練兵場から青山練兵場、さらに代々木練兵場へと移していった。日比谷練兵場跡地が日比谷公園として整備され、青山練兵場跡地が明治神宮外苑となるが、この日比谷公園と明治神宮外苑競技場が、戦時期にさまざまな行事が行われるメイン会場となった。

図16〈第12回明治神宮国民体育大会での水球の試合〉は、明治神宮外苑競技場のプールで行われた第12回明治神宮国民体育大会夏季大会の水球の試合の様子である。一九四一年は関東軍特種演習の影響により、夏季大会の日程が九月二二〜二三日のみになったのだが、この大会を撮影した一連の写真は、社員関係の顔写真を除いて「東方社コレクション」「同Ⅱ」の中でネガ番号が最も早い。これまでの調査で確認できたネガのなかでは、東方社の初仕事に最も近いものである。

明治神宮外苑競技場は、日本初の大規模スタジアムとして一九二四年一〇月に完成し、同月三〇日〜一一月三日に第1回明治

図 18 ～ 20　第 12 回明治神宮国民体育大会での国防競技①～③（1941/11/3）

図 16（右頁上）
第 12 回明治神宮国民体育大会での水球の試合　1941/9/22~23

図 17（右頁下）
第 12 回明治神宮国民体育大会での体操（1941/11/3）

神宮競技大会（内務省主催）が行われた。以後、一九二六年の第3回からは明治神宮体育大会（明治神宮体育会主催、二七年から隔年開催）、三九年の第10回からは明治神宮国民体育大会（厚生省主催、毎年開催）、四二年の第13回と四三年の第14回は明治神宮国民錬成大会として開催され、秋季大会を中心に夏季大会と冬季大会も実施された。明治神宮競技大会は、明治天皇を敬慕し、平素の鍛錬の成果を奉納することを目的として始められたものであり、秋季大会は、第13回までは概ね一一月三日の明治節が最終日になるように日程が組まれていたが、最後の第14回大会は後述の大東亜会議との関連で、一一月七日に実施された。

前述のような名称と主催者の変更は、大会の性質も変えていくこととなった。戦争の拡大・長期化の中で一九三九年以降は、武道や体操が重視されるようになり、国防競技など戦場に結びつくような競技が導入されて、戦時色が次第に強められていった。**図17**〈第12回明治神宮国民体育大会での体操〉、**図18~20**〈第12回明治神宮国民体育大会での国防競技①~③〉、および**図21**〈第12回明治神宮国民体育大会での馬術演技〉は、第12回大会秋季大会の最終日の模様と思われる。体操する女性たちを上方から幾何学模様のように写し出した図17は、モダニズム的な写真である。図18~20は国防競技の中の障碍通過競争（囲壁乗越）で、障碍の囲壁は高さ二メートル、横幅一・五メートル、底部の奥行きが〇・六メートルだった。図21は陸軍軍人による馬術（騎道）の公開演技の一コマ。

この第12回大会では、競技場は戦場に通じるという覚悟をもって競技に臨むことが求められ、明治神宮国民体育大会が国家が求める

体育のあり方を示す場として位置づけられるようになった。軍事的観点が優先され、スポーツ大会が戦争にからめとられていくさまが国内最大のスポーツの祭典であった明治神宮大会からは見てとれる。

図22〈アジア・太平洋戦争開戦を祝う行事〉は、アジア・太平洋戦争開戦の日の夕暮時に、皇居前で行われた開戦を祝う行事であると思われる。どんな団体かは不明であるが、喜び勇むというよりも新たな決意を誓う静粛な式を行なっていたように見受けられる。この写真の前後には、万歳をする団体の写真などもある。

図23〈満洲建国10周年「慶祝の夕」〉は、日比谷公会堂で行われた満洲国の建国一〇周年を祝う「慶祝の夕」の様子である。舞台の後ろには日の丸と満洲国の国旗が飾られている。一九三一年九月一八日の満洲事変の後、三二年三月一日に満洲国が建国され、日本は同年九月一五日に満洲国を承認した。東京では、満洲国の首都である新京（長春から改称、現吉林省長春）で行われる式典に呼応するものとして、日比谷大音楽堂で慶祝式典が開催されたほか、さまざまな慶祝行事が行われた。東方社では新京の式典とあわせて満洲国の産業や諸民族の暮らしを取材し、『ＦＲＯＮＴ』「満洲国建設号」を作製した。

図22　アジア・太平洋戦争開戦を祝う行事　1941/12/8　撮影：(大木実)

図 21　第 12 回明治神宮国民体育大会での馬術演技　(1941/11/3)

図 23　満洲建国 10 周年「慶祝の夕」 1942/9/15

第2章

近代都市東京の街と人々

第2期◆一九四二年一〇月頃—四三年七月頃

本章では一九四二年一〇月頃から翌四三年七月頃までの写真を紹介する。この時期は、国民がすべてをあげて戦争に動員される直前の時期にあたる。東方社では、『FRONT』の「満州国建設号」や「空軍号」の制作と並行して、「戦時下の生活号」や「日本の四季号」などを次のテーマとして検討していた。「東方社コレクション」「同II」には、この時期の写真は多くはないが、戦時体制の整備が進められる一方で、まだ戦争一色に染め上げられていない東京のさまざまな姿が撮影されていた。これらの写真の一部は、『FRONT』「戦時東京号」に利用されている。

第1節●人々の暮らしと芸能・文化

図24〈ミラテスの店内〉は、銀座七丁目にあったミラテスという店の店内の様子である。ミラテスは、一九三三年五月に日本インターナショナル建築会の招きで来日し、翌三四年八月から群馬県高崎市に寓居していたドイツ人建築家ブルーノ・タウトが、製作あるいはデザインした工芸品などを展示販売するために始められた。タウトはその社会主義的思想・信条のためナチス政権下では逮捕される危険性があり、来日を機に日本に留まっていた。念のために補足しておくが、日本がドイツに急接近していくのは、一九三〇年代後半のことであり、この頃はまだナチスの迫害から逃れようとする人に手を差しのべることができた。しかし軍部の力が強まり、ファシズムが進行する三〇年代後半以降、三六年一一月の日独防共協定、三八年二月のドイツの満洲国承認、四〇年九月の日独伊三国同盟と

図24　ミラテスの店内（1943/7）　撮影：（林重男）

日独は関係を深めていく。タウトは日独防共協定が結ばれる前月の三六年一〇月、日本を発ち、トルコに向かった。

　タウトの世話をした井上房一郎は高崎市の名士で、地場産業の家具や木工、織物の指導を行なっており、井上自身も関わっていた群馬県工業試験場高崎分場で工芸品の指導にあたるようにタウトに依頼し、タウトの製作品を売るべくミラテスを開店した。タウトの弟子である水原徳言《みはらよしゆき》の手記「勝野金政《かつのきんまさ》という人を巡る井上房一郎氏と私共のこと」（未刊行資料、個人蔵）によれば、井上と東方社の幹部であった勝野金政は知己であり、カメラマン助手として東方社で働いていた辻潤之助は、水原家に同居していたことがあったという。勝野は一時期ミラテスの運営にも携わっており、これらの関係から同店を撮影したものと思われる。図24の手前のショーケースには反物があり、後ろのショーケースには木工の日用品のようなものが見える。しかし、応召していた水原が除隊になった一九四三年一〇月にはミラテスはすでに閉店しており、この写真が撮られてからほどなくして閉店されたのではないかと思われる。

　ミラテスの店内の女性たちはモデルだと思われるが、この時期、道行く〈銀座を歩く人たち①～②〉に見られるように、一般の人たちの服装はまだ自由であった。日本有数の繁華街ということもあろうが、図25に写る女性はワンピースに大きなバックルの付いたベルトやネックレスをしており、図26では少し袂の長い華やかな和服の女性が歩いている。銀座の街をスナップしたこのシリーズでは別の写真にも、帽子や手袋、帯留めなど小物にも気を配って、さまざまにおしゃれをした洋装・和装の女性たちが写っている。また男性たちも背広や開襟シャツ、和服姿が多い。

図25～26

　一九四〇年一一月に国民服令が公布・施行され、女性に対しても、四二年二月に婦人標準服が決定されていた。しかしそれらはなかなか浸透せず、四三年六月に戦時衣生活簡素化実施要綱が出され、資材節約と戦意高揚のために、華美や贅沢の廃止がやかましくいわれるようになった。図25、26が撮影されたのはその頃で、同要綱と何らかの関係があるのか

図25　銀座を歩く人たち①（1943/7）

図26　銀座を歩く人たち②（1943/7）

もしれない。ともあれ、同要綱もすぐに効果を発揮したわけではなく、四四年に入ってからようやく国民服は〝防空服〟として定着し、女性もモンペ姿が多くなる。

図26の後ろに写る建物は、銀座六丁目にあった松坂屋銀座店。同店は関東大震災の後、一九二四年一二月に開店し、銀座のランドマークのひとつとなった。地下一階地上八階建てのビルの地下から六階までと屋上を松坂屋が賃借していた。

子どもたちの服や学用品からも、この時期にはまだ物資があり、持ちものや着るものに自由があったことがうかがえる。図27〈永田町国民学校の女子児童〉は、永田町国民学校の授業風景である。同校は官庁街に近い都心の学校であり、富裕な家庭の子女たちが多かったと思われるが、子どもたちもなかなか垢抜けている。当日は東南アジアからの要人の視察があったようなので、少しおしゃれをしてきたのかもしれない。

これらの写真は、東京の富裕層の生活を記録するものであり、近代性・先進性を示すものでもあるが、東方社のカメラマンたちは、その裏の下層の人たちにもカメラを向けていた。図28〈街を歩く視覚障害者〉は、ネガホルダーに「乞食」と書かれた写真群の中の一枚だが、視覚障害者と思われる杖をつく女性が、子どもの肩につかまって歩いている。背後には店のショーウインドーが見えるので、商店が並ぶ通りだと思われるが、この写真からは、東方社の写真が東京の近代性をアピールするものばかりではなかったことがわかる。

図27（左頁上）
永田町国民学校の女子児童　1943年夏

図28（左頁下）
街を歩く視覚障害者
1942年秋

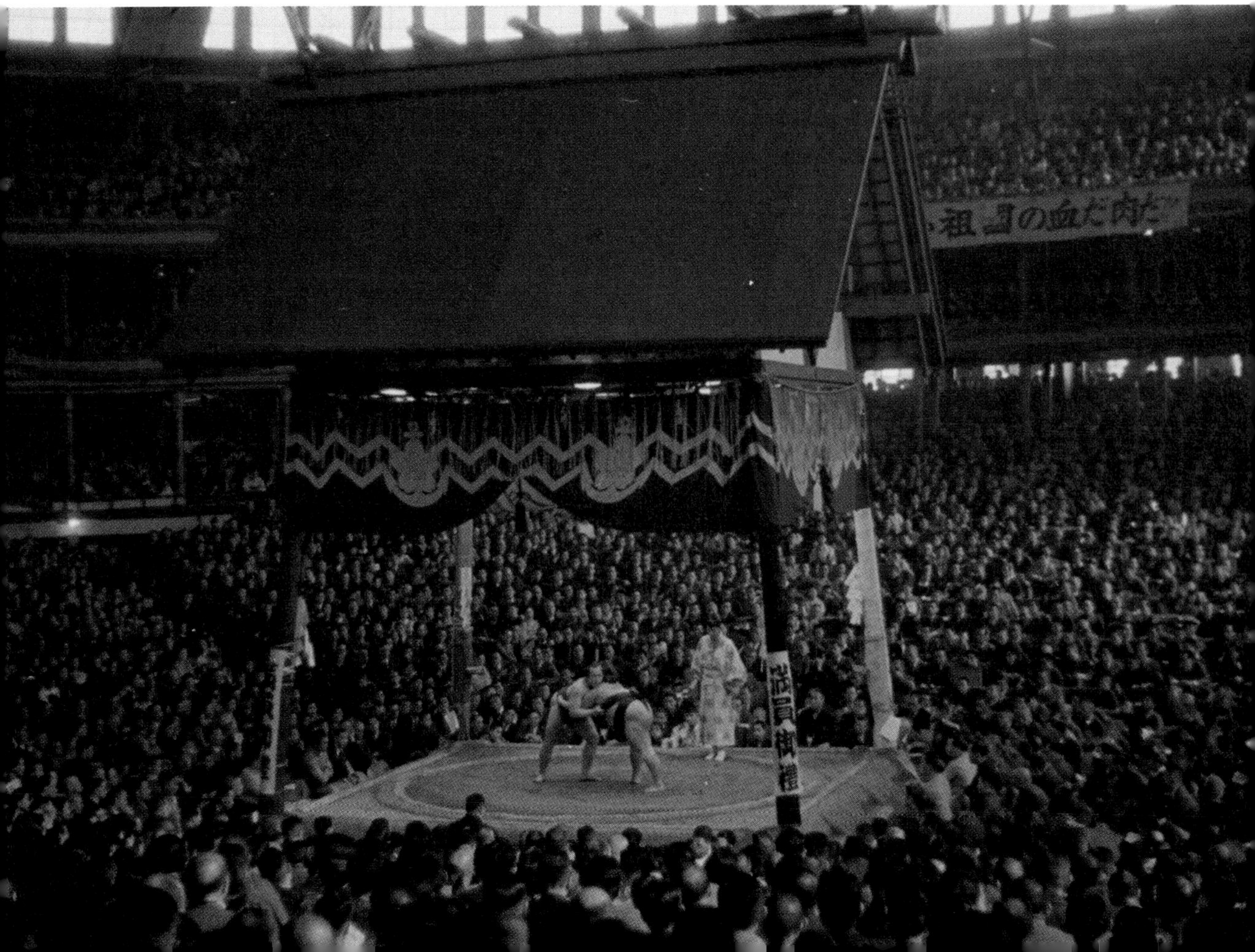
祖国の血だ肉だ
満員御礼

図29〈藤原義江歌劇団の「ローエングリン」〉は、〝我等のテナー〟と呼ばれたテノール歌手・藤原義江が一九三四年に創設した藤原義江歌劇団の「ローエングリン」の舞台の写真である。一九四二年一一月に東京の歌舞伎座で上演されたこの公演が、ワーグナーのオペラ「ローエングリン」の日本での初演で、好評を博したという。左端のヒロイン・エルザ姫の後ろで歌うのが、白鳥の騎士（ローエングリン）役の藤原義江。

図30〈大相撲の一九四三年夏場所〉では、土俵の周りの四本柱に「満員御禮」の札が貼りつけられている通り、大勢の観客がつめかけているのがわかる。右奥に横断幕の一部が見え、「祖國の血だ肉だ」の文字が読みとれるが、このシリーズの別の写真には、「一日戦死」や「職域奉公　隣保共助」などと書かれた垂れ幕や横断幕も写っている。国技館で行われたこの場所は五月九日に始まったが、途中一二日から一五日まで警戒警報が発令されて一三日から三日間休場となったため、千秋楽は二六日にずれこんだ。このときの警戒警報は、米軍がアッツ島に上陸したために出されたものであった。戦時スローガンが次々繰り出され、警戒警報も出されるような状況ではあったが、まだ多くの人が相撲の取り組みを楽しんでもいたことが、この写真からは読みとれる。

本節で紹介した写真からわかるとおり、一九四三年の夏頃までは、戦時下とはいえ、東京に住む人々は、デパートや繁華街に買い物に繰り出し、芝居見物や相撲見物を楽しむことができた。藤原義江は一九四三年には戦意高揚のための音楽映画「撃滅の歌」（松竹、一九四四年一〇月封切が四五年三月に延期されたと思われる）に出演し、軍需工場や軍隊への慰問にも忙しくなっていたが、舞台に立つこともできた。同年一二月に歌舞伎座で上演された「フィデリオ」が、藤原の戦中最後の舞台になる。歌舞伎座はその二カ月後、四四年二月の高級劇場の閉鎖命令によって閉鎖され、国技館も同月軍部に接収されて、風船爆弾の工場となった。一九四三年の秋以降、日本内地の人々にも戦争が近づき、四四年に入るとその速度は急速に増してくるのである。

図29（右頁上）
藤原義江歌劇団の「ローエングリン」
1942/11

図30（右頁下）
大相撲の1943年夏場所　1943/5

第2節●戦時体制の形成と産業・労働

学生・生徒・児童の集団勤労作業は、日中全面戦争期から行われていたが、それは実利的な目的よりも、心身鍛錬・国民教化の側面に力点があった。図31〈宮城前の清掃奉仕〉は、当時は宮城と呼ばれた皇居の前で清掃奉仕を行う女学生たちの写真であるが、これも清掃活動を通して敬神思想や奉仕精神を涵養する精神教育が主たる目的であったと思われる。図32〈明治神宮鳥居前のお祓い〉は、明治神宮の鳥居の前で神官からお祓いを受ける人たちを写したものである。この団体については不明だが、明治天皇夫妻を祀る明治神宮への参拝は、明治天皇の遺徳を忍び、日本精神を養うものとして奨励されており、アジア・太平洋戦争期には、明治神宮国民体育大会や後述の大東亜文学者大会などの行事の前に、参加者や役員たちがその成功の祈願に訪れることが多くなっていた。

一九四二年四月一八日の日本本土への初空襲（ドゥーリットル空襲）により、空襲は現実のものとなり、防空対策は喫緊の最重要事となっていた。東京では一九四三年四月一三日に軍、警視庁、東京市などの共同統裁で初めての警備防空演習が行われ、七月一五〜一六日にも軍官民連合防空訓練が行われた。後者では一六日に、敵機が丸の内の官庁・オフィス街を盲爆したという想定での消防・救助訓練も行われた。**図33**〈丸の内の防空訓練〉、**図34**〈防空訓練に参加する警防団員〉を含む一連の写真群には、消防士たちによる放水や整列した大勢の警防団員への訓示、司令部の打合せの様子を写したものなどがあり、大がかりな防空訓練を撮影したものではないかと思われる。正確なことはわからないが、通行人の服装などから七月の軍官民連合防空訓練のものと推察した。図33は丸ノ内警防団の団員が負傷者を救助する様子とはしご車を昇っていく消防士をとらえたもの。『朝日新聞』（一九四三年七月一七日夕刊）「待避もがっちり会得したぞ」では、この訓練での丸ノ内警防団の活動について、「志村丸之内警察署長をはじめ丸之内警防団第一分団の工作、救護班も現場に到着、活動を開始」と報じている。

図34は、この防空訓練に参加した警防団員たちが、道を歩いているところ。前の方の団員たちは、ツルハシやスコップを担いでいる。真ん中やや後ろ、ビルの影に入るあたりに担架をもっている人たちがある。その間にいる人に多いが、何人かの人が首からかけ

図31　宮城前の清掃奉仕　1943年夏　撮影：桂小四郎

図32　明治神宮鳥居前のお祓い　1943年夏　撮影：（林重男）

図 33　丸の内の防空訓練　(1943/7/16)

図34　防空訓練に参加する警防団員（1943/7/16）

ているのは、防毒面（ガスマスク）の携行袋と思われる。警防団は一九三九年の警防団令により、民間消防組織の消防組と陸軍の指導を受け大都市で結成されていた防護団を統合して設けられた組織で、警察署長の命令の下、防空訓練や空襲時の消火・避難・救護などに住民を指導・統制する担い手とされた。

　また、日本の都市では大正時代から昭和初期にかけて、前述の松坂屋銀座店のようにデパートやオフィスビルなど高層の近代的なビルが次々に建設されており、これら高層建築における消火や避難などが課題となっていた。このため東京市では一九二三年の関東大震災以後、組織の改革、消防ポンプ車やはしご車の設置など、消防体制の近代化と強化・拡充に力を入れていた。『朝日新聞』（一九四三年一月一六日夕刊）「布く完璧の防衛陣」では、一九四三年一月一五日に行われた消防検閲式に、二千数百名の消防士と三〇〇台のポンプ車、東京全市八〇警防団、団員約一万名などが集まったと報じている。

図35〈オフィスのタイピストたち〉は、場所は不明であるが、お

そらく近代的なビルの一室であろうと思われるオフィスで、タイプを打つ女性たちを写したものである。一九二〇年代の都市化の進展とともに、職業婦人も増え始め、事務員や店員よりも給料が高かったタイピストは、女性の花形職業のひとつであった。

一方、**図36**〈日本光学工業の双眼鏡工場〉と**図37**〈トヨタ自動車工業の工場〉は、工場で働く工員たちを写したものである。日本光学工業（現ニコン）は、精密光学機器のトップメーカーであり、当時は軍部からの注文により、双眼鏡や潜望鏡のほか、陸上高射装置や航空爆撃用照準器などを生産していた。日本光学の写真群には、さまざまな作業をする女子工員の姿が多く、図36もその中の一コマだが、女子工員と男子工員が同じ機械で同じ作業をしている写真もある。これらの写真からは、男女を入れ替えるなど、さまざまなバリエーションの写真をストックして、『ＦＲＯＮＴ』をはじめとする宣伝物に利用しようとしていたことがうかがえる。

トヨタ自動車工業は言うまでもなく、一九三七年に現在の愛知県豊田市で創業した、日本を代表する自動車メーカーである。図37の写真では、手前の女子工員のほか奥に男子工員の姿も見えるが、トヨタ自動車工業では正規の女子工員も多く、戦時期の女性の労務管

図 35（右頁）
オフィスのタイピストたち（1943/4 ～ 5 頃）

図 36（左頁）
日本光学工業の双眼鏡工場　1943 年夏　撮影：（林重男）

理の参考にされたという。

国家総動員法は一九三八年四月に公布されていたが、日中戦争の長期化により、女子や学徒の勤労動員が検討されはじめ、四一年八月に高等・中等教育機関に学校報国隊（団）が組織された。これが同年一一月公布の国民勤労報国協力令により国民勤労報国隊に拡大され、一四歳以上二五歳未満の未婚女性も勤労動員の対象とされた。そして四三年半ば以降、急速に動員体制が強化されていく。六月に学徒戦時動員体制確立要綱が閣議決定され、学校報国隊の軍需工場への勤労動員が本格化し、九月には女子勤労挺身隊の結成がよびかけられる。翌四四年三月には女子挺身隊制度強化方策要綱の閣議決定により、未就職の女子の勤労挺身隊への加入が強制され、八月には学徒勤労令とともに女子挺身勤労令が公布された。これらによって、学徒の動員や女子挺身隊への参加が法的強制力をもつようになった。

第2期の写真は女子挺身隊設置以前のもので、正規の従業員であると思われるが、この後、女学生や未婚の若い女性たちが、これらの工場に動員され、軍需品の生産に携わることになる。一九四三年秋以降、勤労動員も本格化してくるのである。

図 37　トヨタ自動車工業の工場　1943 年夏　撮影：林重男

第3章 戦時体制と大東亜共栄圏の前面化

第3期 ◆ 一九四三年八月頃―四四年末頃

一九四三年後半、連合国の反攻により日本は劣勢に立たされ、兵力・労働力の確保が喫緊の課題となる。前章で述べたように同年秋以降、政府が国をあげて女性や学徒、あるいは壮年男性の軍需工場への動員を進める一方で、軍は青少年を短期間の教育で戦力化していった。また、日本を盟主とする大東亜共栄圏の結束を内外にアピールしていくことにも力が注がれた。

この時期、東方社の『FRONT』のテーマは、「華北建設号」や「フィリピン号」、「インド号」など国外のものに移っていくが、占領地の写真だけでなく、陸軍の諸学校や諸行事、軍需工場、アジア各国から来日した要人や留学生、彼らを交えた諸行事などの写真が多く残されている。本章では、これらの写真を紹介していく。

第1節 ● 陸軍諸学校の訓練と行事

図38〈東京陸軍少年飛行兵学校の操転器競走〉は、東京陸軍少年飛行兵学校の運動会における操転器（フープ）競走の模様である。後ろにはテントや応援する生徒などが写っている。一連の写真の中には、綱引きや国防競技を行なっている写真などもある。一九三三年に少年飛行兵の制度を定めた陸軍は、三七年に武蔵村山市に東京陸軍航空学校を設立し、四三年四月に東京陸軍少年飛行兵学校と改称した。同校では一四～一六歳の生徒に航空の基礎教育を行い、その後、航空の実技教育は熊谷陸軍飛行学校で、技術教育は陸軍航空整備学校などで実施した。図38は一九四三年七月二日に撮影されたと思われるが、分類の都合上、本章でとりあげた。

図38　東京陸軍少年飛行兵学校の操転器競走　(1943/7/2)

図39〜40〈陸軍士官学校卒業式①〜②〉は、一九四四年四月二〇日に行われた陸軍士官学校の卒業式を撮影したものである。陸軍士官学校は、周知の如く陸軍各兵科の将校を養成するための学校で、一九三七年に東京の市ヶ谷から神奈川県座間に移った。東方社では四月一八日の予行演習の際にも撮影に出向き、二〇日の本番に臨んでいる。図39は、卒業式に行幸した天皇が愛馬白雪《しらゆき》に乗って、陸軍の高官らと閲兵する様子を写したもの。図40は成績優秀者が表彰されているところだと思われる。この日の卒業式の様子は、『日本ニュース』第二〇四号（一九四四年四月二七日）「大元帥陛下親臨陸軍士官学校卒業式」でも放映された。

図41〈明野陸軍飛行学校の生徒たち〉は、黒板一杯に書かれた訓練の実施要領などを確認する明野陸軍飛行学校の生徒たちを写したものである。同校は戦闘飛行隊の飛行兵を養成する学校で、戦闘飛行隊に関する調査研究もあわせて行なっていた。この写真の前後には、編隊飛行や訓示を受ける様子、飛行機を整備する様子などが撮影されている。図42〈明野陸軍飛行学校の女性通信員たち〉も明野飛行学校で撮影されたものであり、通信を担当する女性たちを写している。この後には、通信に携わる男子生徒や図面を引く女性たちの写真もあるので、情報を受け取るとともにその情報を整理する役目の一端を女性も担っていたことがうかがえる。また一連の写真の中に一般の少年が写っているものがあるので、航空日か何かの行事の際に撮影されたものであるかもしれないが、詳細は不明である。

陸軍の航空関係の写真は第1章第2節でも紹介したが、一九四三年秋以降、戦局の悪化により、軍は航空兵の短期大量養成を図って

図 39　陸軍士官学校卒業式①　1944/4/20　撮影：関口満紀

図 40　陸軍士官学校卒業式②　1944/4/20　撮影：関口満紀

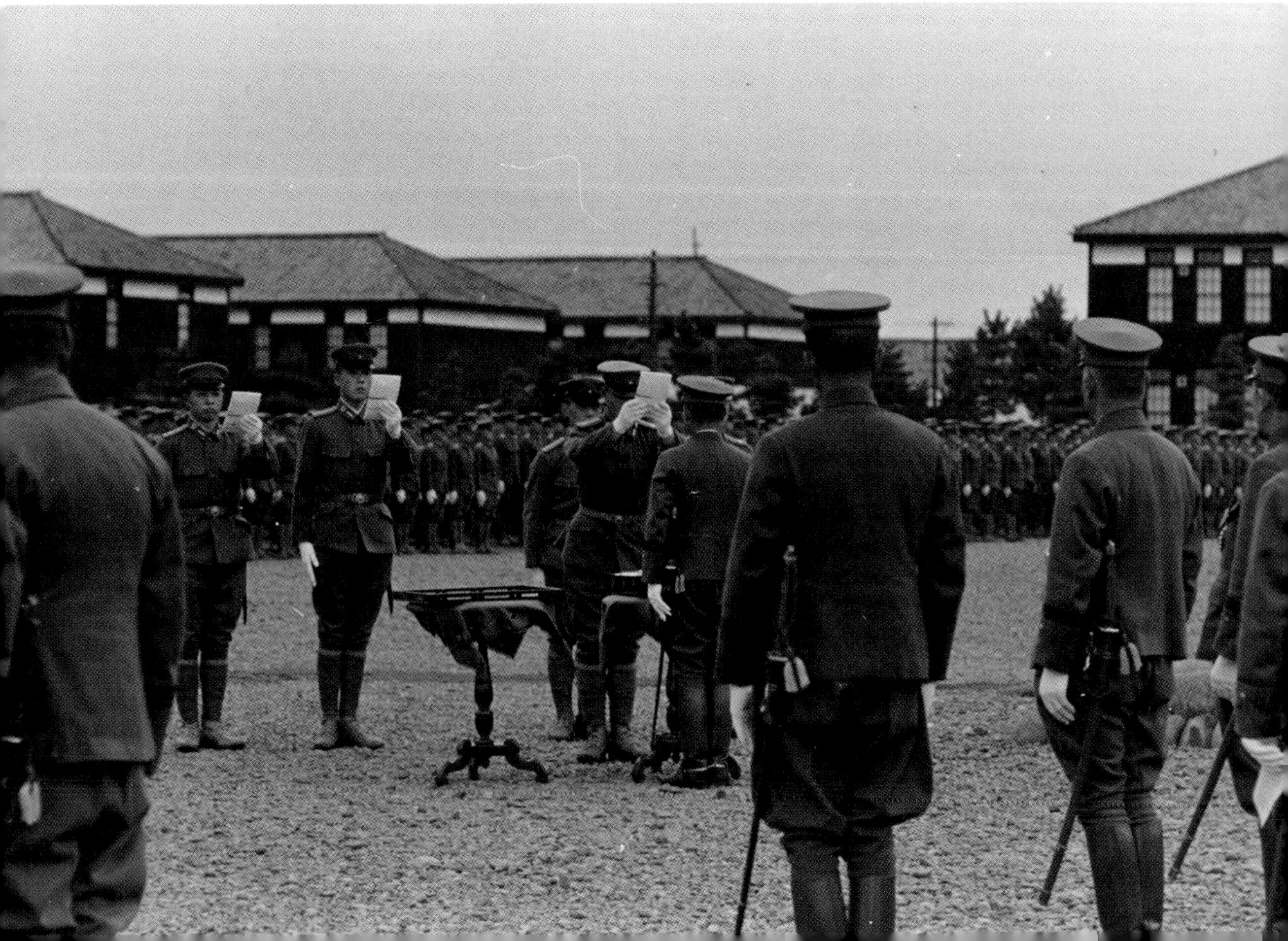

図 41　明野陸軍飛行学校の生徒たち（1944/9 頃）

図 42　明野陸軍飛行学校の女性通信員たち（1944/9 頃）

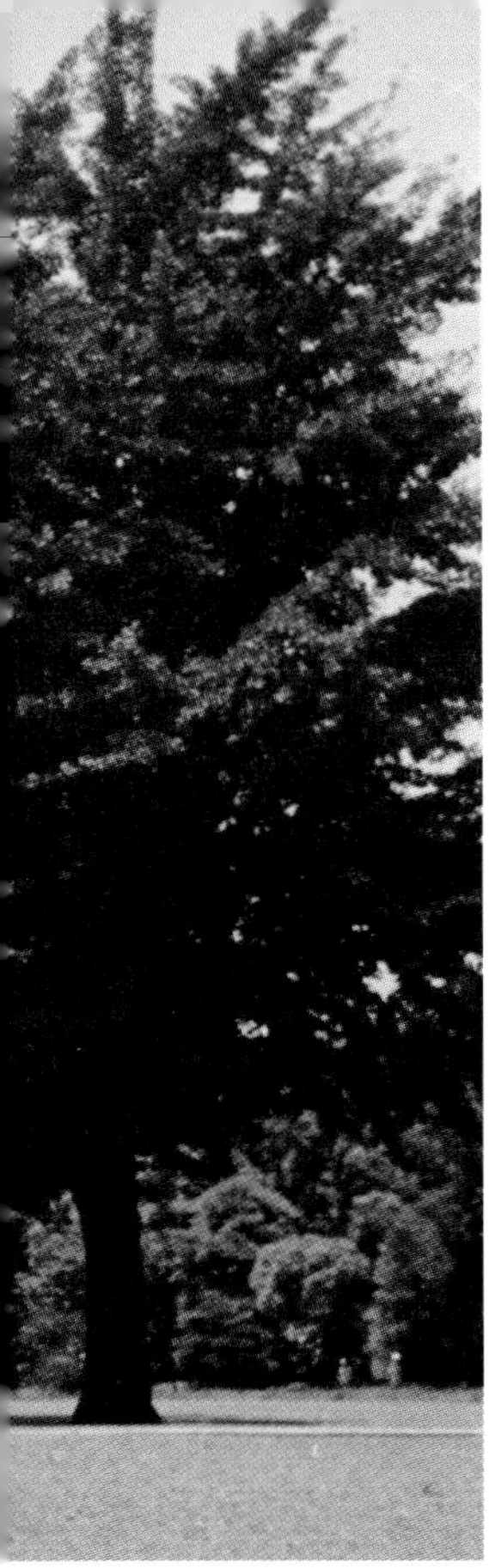

図43　陸軍輜重兵学校の実習　(1944/5～7頃)　撮影：(林重男)

いく。四四年七月にサイパン島を失うと、航空諸学校には教育と作戦の両任務が課されることになり、それぞれ教導飛行師団に改編された。しかし、それによって教官が作戦任務に就くという矛盾を呈することになる。本来、航空機の操縦の練度をあげるには時間がかかるが、148頁コラム④で紹介する青木哲郎のように、かき集められた青少年たちは、充分な教育・訓練を受けられないまま前線へ送られ、特攻隊となることを余儀なくされていった。

陸軍輜重兵学校は陸軍の近代化と軍備拡充の一環として、一九四〇年一二月に東京都目黒区に開校された。日本陸軍は伝統的に兵站や輸送を軽視しがちであったが、近代戦の中で自動車輸送は不可避となっていた。図43〈陸軍輜重兵学校の実習〉はトラック修理の実習であると思われるが、東方社が地味な裏方の撮影を行なっていたことに注目したい。

第2節●陸軍関係の施設と行事

図44〈靖国神社の参道〉は、靖国神社の社頭から、第一鳥居、大村益次郎像、第二鳥居を写し込んだもので、現在の光景とあまり違わないように見える。しかし、一番手前の第一鳥居が現在のものの三分の一程度と小さく、しかも木造であるところが異なる。一九二一年に竣工された初代の第一鳥居は現在のものとほぼ同じ大きさがあったが、鉄骨に青銅鈑で銅板を貼りつけたものであったため、一九四三年頃には青銅鈑が落下するなど腐蝕・損傷が進み、危

図44　靖国神社の参道（1944/5～7頃）撮影：(林重男)

険な状態にあった。当時は資材が不足していたため、修復がかなわず、解体されることになり、その代りに木曽の御料林から払い下げられた檜で木造仮鳥居が建設され、四三年一〇月一〇日に完成した。写真からは木の新しさが伝わってくるが、現在の目から見れば、当時の資材不足を如実に象徴しているように思われる。ちなみに初代の鳥居を解体した銅と鉄は、陸海軍に折半して献納された。

朝日新聞社は陸軍その他各関係機関と連携して、一九四三年一二月一一～一二日に「続け陸軍少年兵・少国民総蹶起大会」を開催した。この大会は、「青少年学徒ならびに父兄に対し陸軍少年兵諸学校生徒への認識を深めるとともに少国民の士気昂揚に資し、すすんで少年兵諸学校生徒志願の熱望を全からしめるため」（『朝日新聞』一九四三年一二月一〇日朝刊「陸軍少年兵に続け」）に開催されたもので、東京、名古屋、大阪、福岡、仙台（仙台のみ一八～一九日に開催）で行われた。東京では、東京陸軍少年飛行兵学校、陸軍少年戦車兵学校、東京陸軍少年通信兵学校、千葉陸軍防空学校の生徒計一一〇〇名が参加して、国民学校や中等学校低学年の児童・生徒、一般市民らと交流した。

図45〈少国民総蹶起大会での兵器説明〉は、日比谷公園で撮影されたこの大会の一コマで、防空学校の生徒たちがサーチライトの説明をするのを聞く子どもたちを写したものである。後ろには高射砲のようなものも見えており、大きな音がしているのか、耳をふさいでいる子どももいる。東京での大会のメインイベントは、二日目の代々木練兵場での実戦訓練の披露であったが、そのほかに国民学校などでの交流会や戦車のパレードなどもあり、このシリーズにはそ

れらを写したものもある。『朝日新聞』では大会の模様を報じるとともに、「少年兵志願者の心得」（一九四三年一二月一二日朝刊）として志願の要領や手続きの方法なども紙面で伝えた。会場に設置された諸学校仮受付所では二万名の少年が申し込みを行なったとも報じられており（『朝日新聞』一九四三年一二月一三日朝刊「仮受附早くも二万名」）、大会は目的通り少年兵志願の気運を盛り上げることに成功したものと思われる。

図46〜47〈第39回陸軍記念日のパレード①〜②〉と**図48**〈第39回陸軍記念日の駅頭大演奏〉は、一九四四年三月一〇日に行われた第39回陸軍記念日の行事の写真である。図46、47は、朝日新聞社も協力した陸軍戸山学校軍楽隊初の試みである陸軍軍楽隊騎上演奏大行進の模様である。騎乗軍楽隊、徒歩軍楽隊、騎兵聯隊など約三〇〇名が、午後二時に靖国神社を出発し、須田町通りから日本橋、銀座通り、東京駅前、皇居前を通り、国会議事堂前まで行進した。途中、三越本店前、朝日新聞社前、東京駅前で停止して演奏を行なっており、東方社では行進の行程を追いかけ、各所で軍楽隊や見物人たちを撮影している。

図46は朝日新聞社前で停止したところを写したもので、ここでは「愛馬進軍歌」などを演奏したという。中央に立っているのが徒歩軍楽隊、その左側に槍騎兵、その後ろに武装騎兵、写真では切れているが徒歩軍楽隊の右側に騎乗軍楽隊が並んでいる。朝日新聞社前では、山内保次《やまうちやすつぐ》陸軍少将や村山長挙《むらやまながたか》朝日新聞社社長などが出迎えたようであるから、中央の演壇は彼らの挨拶のために設けられたのかもしれない。徒歩軍楽隊の左前方の看板には「大歓迎　陸軍々樂隊

図46（左頁）
第39回陸軍記念日のパレード①　1944/3/10
撮影：（関口満紀）

図45（右頁）
少国民総蹶起大会での兵器説明　1943/12/11
撮影：（林重男）

必勝
撃ちてし止まむ
第三十九回陸軍記念日

図 47　第 39 回陸軍記念日のパレード②　1944/3/10
撮影：（関口満紀）

図48　第39回陸軍記念日の駅頭大演奏　1944/3/10　撮影：（林重男）

停止演奏」とあり、朝日新聞社のビルの三階バルコニーには、前年の陸軍記念日にスローガンとして採用された「撃ちてし止まむ」の横断幕が掛けられている。また入口左側には世界地図の大きな看板があるのが見える。図47は終着点の国会議事堂前で演奏する騎乗軍楽隊。中央で白馬に乗っているのが、山口常光《やまぐちつねみつ》軍楽隊長。

図48は、陸軍軍楽隊騎上演奏大行進に先駆けて、東京駅前で行われた演奏会の模様である。こちらの主催は、日本音楽文化協会と毎日新聞社で、この写真では見えないが、後ろの看板によると演奏しているのは、「海洋吹奏樂隊」である。こちらもこの後、パレードに出ている。

図49〈大東亜戦争鹵獲兵器展視察の記念写真〉は、多摩川園で開催された大東亜戦争鹵獲兵器大展覧会を視察した枢軸国の駐日武官たちの記念撮影の写真である。この展覧会も一九四四年の陸軍記念日に関係するもので、読売新聞社が主催して三月一〇日から五月末日まで開催された。後ろにカーチスP-40が見えるが、ノースアメ

図49　大東亜戦争鹵獲兵器展視察の記念写真　1944/5/5　撮影：長谷川一真

リカンB25などの飛行機や戦車、火炎砲なども展示された。視察は五月五日に行われ、ドイツ、イタリア、ルーマニア、ブルガリア、フィンランド、フランス、中華民国、満洲国の武官たちが参加した。一九三九年九月のドイツ軍のポーランド侵攻により第二次世界大戦がはじまるが、フランスは翌四〇年六月、ドイツに降伏し、四四年八月までドイツの占領統治下にあった。ナチス司令官の下、ヴィシーにおかれたフランス政府の首相を務めたのが、130頁図125、126にその肖像画が写っているペタン元帥である。

陸軍記念日は、日露戦争終結の翌一九〇六年、最大の会戦となった奉天の会戦の勝利の日である三月一〇日に制定された。周知のように、一九四五年の三月一〇日には東京大空襲で東京下町が壊滅的な被害を受けることになる。本節で紹介したように、一九四四年の陸軍記念日には、各新聞社などが主催・協力してさまざまな催しがあったが、これらが陸軍記念日を祝う最後の大きな行事となった。

第3節 ● 鍛錬と防空

日中全面戦争期から国民の体力や健康状態が問題にされていたが、アジア・太平洋戦争期には、さらなる心身の鍛錬の強化が唱えられ、体操、徒歩、水泳などが奨励された。子どもたちに対しても、身体を鍛え、体力を増進することが求められた。図50〈表参道での児童の駆け足〉は、表参道で教師を先頭に駆け足をする国民学校の男女の児童を写したもので、後ろの建物は同潤会アパートである。青山の

図 50　表参道での児童の駆け足　(1944/3 頃)　撮影：長谷川一真

同潤会アパートは、鉄筋三階建で一〇棟一三八室が一九二七年までに完成した。大正期の文化式アパートメントの代表的な建築物で、モダンな生活の象徴としてサラリーマンなどに人気があった。

戦局が悪化し、本土への空襲が迫る中、子どもたちにふりかかる試練は、鍛錬だけではなかった。一九四四年三月に一般疎開促進要綱が、六月には学童疎開促進要綱が閣議決定され、東京はじめ都市の国民学校初等科児童たちの疎開がはじまる。私立の小学校でも、公立の国民学校と扱いに違いはあったものの、疎開が進められた。

一九三七年に設立された青山学院緑岡小学校（現青山学院初等部）は、四一年の国民学校令にともない青山学院緑岡初等学校と改称する。同校では、縁故疎開ができない三年生から六年生までの児童約二〇〇名が、四四年八月二三日から静岡県伊豆市の温泉旅館落合楼に集団疎開した。

図51〈青山学院緑岡初等学校児童と湯ヶ島国民学校児童の対面式〉は、緑岡初等学校の児童たちと湯ヶ島国民学校の児童たちが対面式を行なっているところである。緑岡初等学校の児童たちは、午前は落合楼で、午後は湯ヶ島国民学校の教室を借りて授業を受けていた。写真右側の制服の男子児童が緑岡初等学校の児童の代表で、その後ろには同じく制服でズック靴姿の男子児童たちが写っている。左側の地元の女子児童たちは、セーラー服やブラウスにスカート姿が多いが、足元はみな下駄や草履であり、緑岡初等学校にも下駄の児童はいたのであるが、この写真ではその点が対照的であろうか。図52〈落合楼での食事〉は、食事の前に感謝を捧げているところであろう。食卓の上には主食と香の物、汁椀が見えるが、副食は見当たら

図 51　青山学院緑岡初等学校児童と湯ヶ島国民学校児童の対面式　1944/8 ～ 9

ない。食糧事情は伊豆でもやはり厳しく、教職員らが奔走していたようだが、児童たちも山菜取りや魚釣りをして、食糧の足しにしていたらしい。ちなみに丼は児童たちが持参したもの。このほかに体操や相撲、山や川での遊び、落合楼での生活の様子なども撮影されている。これらの写真は疎開の最初期のものであるが、児童たちはこの後、約七〇名が翌四五年六月に青森県に再疎開した。青森で終戦を迎えた児童たちは、同年一〇月にようやく帰京する。

図53～54〈東京第二師範学校附属国民学校の防空訓練①～②〉は、池袋にあった東京第二師範学校附属国民学校（現東京学芸大学附属小金井小学校）の防空訓練の様子である。図53では、防空頭巾にモンペ姿の女子児童たちが、負傷者の手当ての仕方を習っている。図

図52　落合楼での食事　1944/8～9

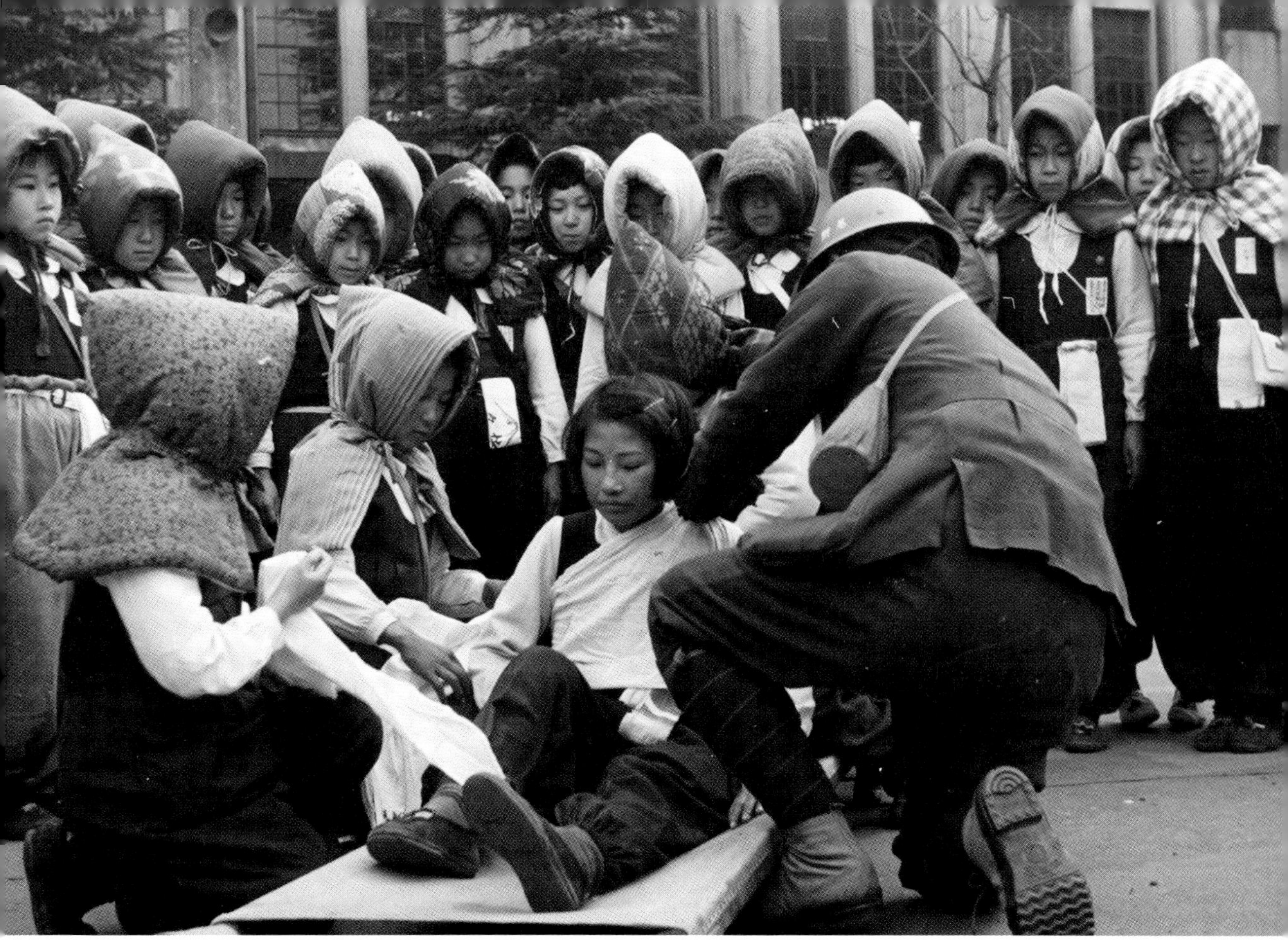

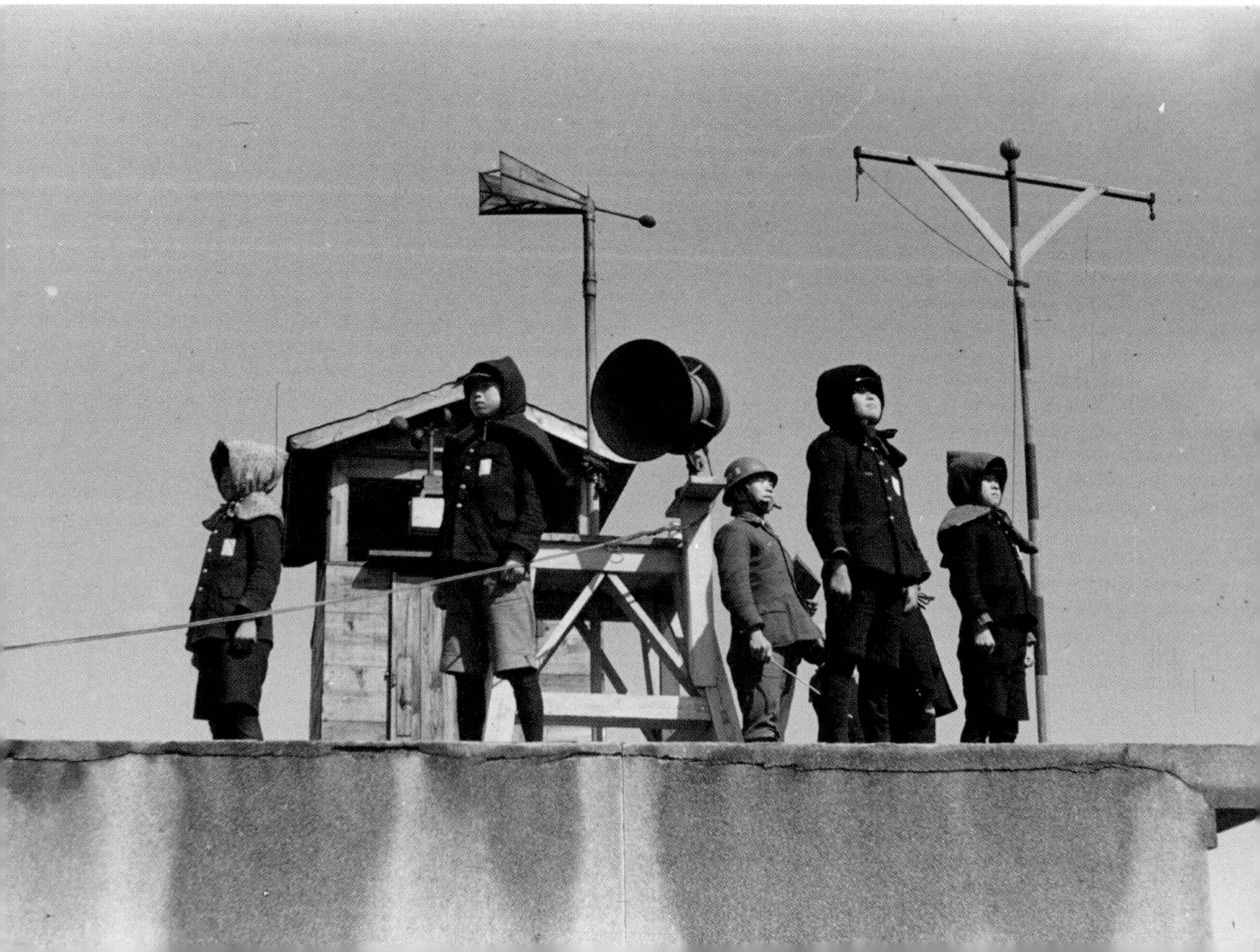

54は校舎屋上で防空監視の訓練をする男子児童たちである。中央のバケツ型のスピーカーのようなものは、音を拡大して測定するための装置である空中聴音器であろう。

防空監視は子どもたちだけでなく、一般国民の肩にもかかってきていた。**図55**〈栃木県益子町の防空監視哨〉は、栃木県芳賀郡益子《ましこ》町《まち》にあった防空監視哨の立哨台で、夜の闇の中、防空監視にあたる男性たちを写したものである。一九三七年の防空法の公布により、灯火管制や救護などとともに監視・通信も民防空として法律化され、四一年一二月に制定された防空監視隊令では、監視隊員の組織・編成・服務などについて定められた。防空監視哨は、山頂や小高い丘など静かで視界良好なところに作られたが、双眼鏡や聴音器程度の設備で、もっぱら人間の眼と耳でもって、二四時間、飛行機の到来を監視することが求められた。飛行機を発見すると、発見方向や飛行方向、敵味方の別、高度、機種や機数などを電話で報告することになっており、哨員は聴力や視力に優れていなければならず、当初は一〇代後半の青年学校生が多かったが、後には女性も哨員を命じられるようになった。

図53（右頁上）
東京第二師範学校附属国民学校の防空訓練①（1944/3頃） 撮影：長谷川一真

図54（右頁下）
東京第二師範学校附属国民学校の防空訓練②（1944/3頃） 撮影：長谷川一真

図55（左頁）
栃木県益子町の防空監視哨 （1944/5/24） 撮影：関口満紀

図 56　藤倉工業浦和工場　（1944/4 頃）　撮影：関口満紀

第4節●産業と労働

図56〈藤倉工業浦和工場〉は、藤倉工業（現藤倉ゴム工業）の浦和工場で働く男性応徴士の写真である。藤倉工業は、戦時期には落下傘や防毒面、航空機のタイヤなどを製作していたが、浦和工場では防毒衣の製造をしていたので、その生地を作っているところではないかと思われる。同社は一九二七年に陸軍から防毒衣の研究を命じられ、種々実験・試作を行なっていた。また浦和工場は、防毒衣の材料となる特殊ゴム布の生産のために、一九三八年に帝国製麻の工場を買収して開設したものだという。機械を操作する男性の胸の徽章は応徴士の徽章である。一九四三年七月の国民徴用令の改正により、民間工場に徴用された被徴用者を応徴士と呼称することが定められ、同年八月、厚生省から応徴士服務紀律が公布・施行された。これにより徴用の国家性がより明確になり、応徴士という呼称には、栄誉性もともなったが、服務紀律には懲戒の規定もあった。

第2章第2節で述べたように、一九四三年六月の学徒戦時動員体制確立要綱により学徒の軍需工場への勤労動員が本格化し、翌四四年三月には、中等学校低学年や国民学校高等科の児童も動員対象となり、通年動員も開始されることになった。また女子には学校工場も考えられたが、これも勤労動員の強化の一策であった。そして、同年八月の学徒勤労令によって、法的な強制力によって学徒動員が行われることになる。

図57〈東京石川島造船所で働く勤労動員の男子学徒〉は、東京石

図 57　東京石川島造船所で働く勤労動員の男子学徒　（1944 年秋）　撮影：（三宅澄）

川島造船所（現ＩＨＩ）でさまざまな作業に従事する学徒が写されている写真群の中の一枚である。東京石川島造船所には早稲田大学の夜学である早稲田専門学校や明治大学の学生などが動員されていたことがわかっているが、写真に写る学徒の所属校は不明で、もう少し年少であるようにも見受けられる。ちなみに夜間学生の学徒動員についていえば、一九四四年一一月の「夜間学校学徒動員に伴ふ措置要綱に関する件」で夜間学生も動員されることが明文化された。早稲田専門学校ではそれに先駆けて、同年一月に学徒増産挺身隊を結成し、学生の身分のまま東京石川島造船所で工員として就業しており、午前七時から午後三時半まで就労した後、六時から授業を受けていたという。

図58〈三共の工場で働く勤労動員の女子学生〉は、製薬会社の三共（現第一三共）に勤労動員された女子学生を写している。この写真では見えないところもあるが、腕章には「東京女子専門學校　學

図58　三共の工場で働く勤労動員の女子学生　(1944/9頃)

図59　製糸工場で働く女性たち　(1944年秋)

徒勤労報國隊」と書かれているものと思われる。東京女子専門学校（現東京家政大学）は裁縫を高等な学術・技術として教授する専門学校であった。一九四四年五月からの同校の勤労動員先としては、三共のほか、川崎芝浦電気、日本電機、赤羽被服本廠などがあった。

図59〈製糸工場で働く女性たち〉は、場所は不明だが、女性たちが綿から種や植物片などをピンセットで取り除く作業をしているところだと思われる。セーラー服の女学生もいるが、少し年長と思われる和服姿の女性の姿もあり、さまざまな女性たちが動員されていたことが見てとれる。

図60〈日立兵器水戸工場〉は、日立兵器水戸工場における軽機関銃の製作の様子である。日立兵器は、一九三九年に日立製作所が東京瓦斯《ガス》電気工業を合併した際に、兵器部門を引き継いで設立したもので、機関銃類を製作していた。水戸工場では一九四〇年から次々と大工場が竣工したが、写真からもその規模の大きさが感じられる。また写真ではそれぞれの労働者について、男女の区別ぐらいしかわからないが、終戦時には工員九〇〇〇名、社員八七〇名、動員学徒二〇〇〇名の約一万一〇〇〇名が働いており、動員学徒は東京帝国大学、桐生工業専門学校、茨城県立水戸中学校、茨城県立高等女学校などから派遣されていたという。

この時期、国民は徴用であれ、学徒動員であれ、国の強制力をもって、大量に、そして長期にわたって、軍需工場に駆り出されていった。航空機関連工場への動員が最も多かったが、ここに紹介したように軍需工場は多岐にわたっており、根こそぎ動員により軍需産業が支えられていたことがこれらの写真からはうかがえる。

図 61　藤倉工業浦和工場で合唱する労働者たち　(1944/4 頃)
撮影：関口満紀

図60　日立兵器水戸工場　（1944/5 ～ 7 頃）　撮影：（林重男）

東方社ではその一方で、労働現場以外での労働者たちの姿も撮影している。

日中戦争期から労働力の維持培養と能率増進のために、労働者に対する福利厚生の必要が認められるようになり、余暇の善用と慰安のために慰問や文化指導が始められた。厚生音楽運動はその中心にあり、図61〈藤倉工業浦和工場で合唱する労働者たち〉もまた、工場の中庭のようなところで歌を歌っているところである。しかし、写真に写る労働者たちの表情はあまり楽しそうには見えない。工場などで指導された、いわゆる国民歌や勤労歌には堅苦しいものが多く、この写真からも、厚生音楽運動が必ずしも勤労者が喜ぶ慰安になっていたかどうか疑わしいものであったことがうかがえる。

その反対に、図62〈日産厚生園でかぼちゃを収穫する女性たち〉に写る女性たちの表情は明るい。日産厚生園は日産コンツェルンが一九四〇年に東京都三鷹市に設立した保養施設であるが、保養施設もまた本来の目的から外れて菜園になっていたようである。カメラマンの要請によるところもあると思われるが、彼女たちの笑顔からは、菜園での野菜の収穫が厳しい労働の合間の楽しいひと時であったろうことが想像される。

図62　日産厚生園でかぼちゃを収穫する女性たち（1944/9 頃）　撮影：小山進吾

図63　第2回大東亜文学者大会①　1943/8/26

第5節●在日・来日外国人と大東亜共栄圏建設

図63〜64〈第2回大東亜文学者大会①〜②〉は、大東亜会館で開かれた第2回大東亜文学者大会第二日目の本会議の写真である。大東亜文学者大会は、一九四二年五月に発足した日本文学報国会が中心となって開催したもので、同年一一月に東京・大阪で第1回大会を開いたのに続いて、第2回大会は四三年八月二五〜二七日の三日間、東京で開かれた。そして、四四年一一月に第3回大会が、中日文化協会の主催により南京で開かれた。写真に写る第2回大会は、「大東亜文学者決戦会議」と名づけられ、三回の中で最も大きな大会であった。

図63の左奥には、当日話し合われた議題や発言者の名前が張りだされており、「一、一般的問題　1必勝の信念　武者小路実篤　2大東亜戦争勝利案　陳寥士《ちんりょうし》」などという文字が見える。しかし大東亜文学者大会といっても、議長席の菊池寛の後ろに下がるのが、右から満洲国、日本、中華民国の三つの国旗（図63では上が切れている）だけであることにも表れているように、参加したのは、朝鮮・台湾を含む日本、満洲、蒙古、汪兆銘政権下の中国だけであり、東南アジアの占領地は含まれていない。ただ南方各占領地から大会に対してメッセージが寄せられており、大会初日に当時東方社の理事でもあった中島健蔵が披露した。これらのメッセージは『朝日新聞』（一九四三年八月二四日朝刊）「ペンを以て米英を撃つ」にも掲載されている。

図64　第２回大東亜文学者大会②　1943/8/26

会議は日本語で進められ、中国語は日本語に翻訳されたが、日本語は中国語には訳されず、参加者同士の間では英語で会話が進められることもあったという。座長の下村海南は、会議終了後『朝日新聞』に「「ことば」の問題」（一九四三年八月二八日朝刊）を寄せ、深くは立ち入っていないものの、〝大東亜〟における言葉の問題に懸念を示している。

図64は、テーブルのまわりに集まって相談をしている参加者たちである。戦後『大東亜戦争肯定論』（番町書房、一九六四年）を書いた林房雄、兵隊作家・火野葦平らに混じって、台湾の周金波《しゅうきんぱ》の姿も見える。周金波は親日的な皇民文学派の代表的な作家であり、この日も「皇民文学の樹立」という題で発言している。

大東亜文学者大会は、南方からの参加もなく、日本以外は期待された有名作家・大物作家の出席も少なく、日本人関係者によるお手盛りの大会にすぎなかった。大東亜文学賞などが作られたが、実質的な成果をあげるというものではなかった。

図65～67〈大東亜結集国民大会①～③〉は、一九四三年一一月五～六日に開催された大東亜会議に引続いて、七日に行われた大東亜結集国民大会の写真である。大東亜会議の目的は、米英の本格的な反攻に備えて、大東亜共栄圏内各国の戦争協力を確保し、その結束を内外に示すことにあった。大東亜結集国民大会は、大東亜会議の成功を祝うため、大政翼賛会、翼賛政治会、東京都の三者の共催で開かれ、日比谷公園に一〇万の人が集まった。図65の写真では、日の丸を真中にして両側に参加五カ国とオブザーバーの自由インド仮政府の旗が掲げられているのが見えるが、演台の後ろも右の掲揚台

図 65　大東亜結集国民大会①　1943/11/7　撮影：長谷川一真

も日の丸が一回り大きく、一段高く掲げられている。

　図66、67は、図65では演台に向かって左側に陣取る各国代表団にズームインしたものである。代表団の最前列に座るのが、図66の演台に近い右から順に、汪兆銘《おうちょうめい》中華民国国民政府行政院院長（右端、横向き）、ワンワイタヤコーンタイ国内閣総理大臣代理（ネクタイ、コート）、張景恵《ちょうけいけい》満洲国国務総理（協和会服）、図67の右からラウレルフィリピン国大統領（ネクタイ、コート）、バー・モウビルマ国内閣総理大臣（軍服）、チャンドラ・ボース自由インド仮政府首班（左端、軍服）。大会には留学生や在日外国人たちも前方に参列したが、それは大東亜共栄圏を可視化するためでもあった。このシリーズの中には、前方の席で演台を見守る在日インド人と思われる人たちの姿を写したものもある。

　大東亜結集国民大会は大東亜会議と一体となって、大東亜共栄圏の実在性やその結束を内外に示す、一大プロパガンダ・イベントであり、日本国内や共栄圏内各国の士気昂揚にはある程度の効果があったものと思われる。しかし、参加各国が日本を盟主とする大東亜共栄圏に賛同し、強く結びついていたわけではなく、タイやフィリピンの代表は、大東亜会議にすんなりとは応じなかった。タイのピブン首相は出席を拒み続け、ラウレル大統領は大東亜会議における演説原稿の事前提出の求めに応じず、当日インドネシアなどまだ独立が達成されていない国について言及した。各国が求める真の独立と日本が考える「独立」がせめぎあう中で開かれたこれらのイベントは、その矛盾を糊塗するためのものであり、表面上は成功を収めたが、戦局の悪化とともにその矛盾はさらに大きくなっていく。

図66（右頁下）
大東亜結集国民大会②　1943/11/7
撮影：長谷川一真

図67（左頁）
大東亜結集国民大会③　1943/11/7
撮影：長谷川一真

各国代表はこの日午後、明治神宮外苑競技場で第14回明治神宮国民錬成大会を見学する。前述のように、明治神宮大会は例年一一月三日の明治節を含む日程で行われていたが、大会の最後の年になるこの一九四三年は、大東亜会議にあわせ一一月七日に開催して各国代表を招き、大東亜共栄圏をアピールする行事の一環とした。この大会では、留学生二〇〇名と日本人四〇〇名による「大東亜各地青年合同体操」の演目が組まれ、ラウレル大統領は体調を崩して欠席したものの、バー・モウ首相や各国の要人たちは、そこに参加する息子や親族、自国の青年たちの姿を見守った。

政府高官など各国要人の息子たちを含む一九四三年度の南方特別留学生は、同年六月から九月にかけて来日していた。南方特別留学生は、大東亜共栄圏建設に協力する次代のリーダーたちを育てるため、南方各地の青少年を国費で留学させる制度であり、一九四三年から四四年にかけて約二〇〇名が来日した。彼らはまず国際学友会日本語学校で日本語中心の教育を受けた後、大学や専門学校、各種養成所などで各専門分野の学習・訓練に臨んだ。

フィリピンからの留学生レオカディオ・デアシスが戦時期の体験を記した『南方特別留学生トウキョウ日記』（高橋彰編訳、秀英書房、一九八二年）によれば、彼は元は米極東軍の将校であり、捕虜となった後、日本軍が創設したフィリピン警察隊で訓練を受けた。成績が優秀であったため、訓練終了後は教官となり、さらには南方特別留学生として来日、前述の明治神宮国民錬成大会の「大東亜各地青年合同体操」にも参加している。

デアシスは東京九段の警察講習所に進むが、図68〈神奈川県警察練習所の留学生〉は、神奈川県警察練習所に進んだ留学生たちの写真である。朝礼か何か儀礼のときの写真と思われるが、日本人警察官たちが口をあけて唱和しているのに対し、留学生たちはほとんど口をつぐんでいる。デアシスは国際学友会卒業時でも、「せいぜい、

図 68　神奈川県警察練習所の留学生　(1944/9 頃)

自分の名前や日付けがカタカナで書ける程度」（前掲『南方特別留学生トウキョウ日記』一六五頁）であり、一部の熱心な学生を除いては、日本語の能力は低かったと記している。とはいえ独立意識の高いビルマ（現ミャンマー）やインドネシアの留学生たちは熱心であったといわれており、出身国により学習意欲には差があったようだ。また南方特別留学生は一〇代後半が中心であったのに対し、デアシスなどフィリピン警察隊からの留学生は二〇歳を過ぎており、年齢からくる違いもあったと思われる。

東方社では、この他に理化学研究所や農林省鴻巣試験場、桐生工業専門学校（現群馬大学工学部）などで学ぶ留学生たちを撮影しており、『FRONT』「戦時東京号」にも、留学生がさまざまな分野で勉学や訓練に励んでいることを伝える頁がある。

陸軍士官学校でも、南方特別留学生を含む留学生たちが、教育・訓練を受けていた。図69〈ビルマからの陸軍士官学校留学生〉は、「留學生隊本部」の看板がかかった建物の前を歩くビルマの留学生たちを写したものである。ビルマからの留学生の中には、ビルマ防衛軍から同軍の幹部になるために派遣されていたものもあった。図70〈中華民国からの陸軍士官学校留学生〉は、演習を行う中華民国からの留学生の写真であり、胸に「胡景炎」の名札が見える。中華民国から陸士への留学は一八九九年に始まったが、途中途切れるときもあったため、一九四二年に入学したものが第31期にあたる。第31期には、華北・華中・蒙古出身の計四六名（歩兵三六名、騎兵一〇名）が在籍していたという。

独立を渇望する国の青少年たちにとっては、日本での軍事訓練や

図69　ビルマからの陸軍士官学校留学生　(1944年秋)

図70　中華民国からの陸軍士官学校留学生　(1944/9頃)　撮影：別所弥八郎

さまざまな学問の習得は独立のための力になったであろう。彼らにとっては、日本は彼らを力で統治する抑圧者である一方で、独立のための力をつける機会を与えてくれる国でもあり、ふたつの側面をもっていたといえよう。

図71〜72〈アブデュルレシト・イブラヒムの葬儀①〜②〉は、一九四四年八月三一日に亡くなったイスラム教の指導者アブデュルレシト・イブラヒムの葬儀の様子である。図71はイブラヒムの自宅を訪れた弔問客たちと後ろにかかるイブラヒムの肖像画を写している。図72は東京・代々木の東京モスクでの葬儀の様子で、トルコ国旗が掛けられた棺の横の花輪には「陸軍大臣」、「参謀總長」の札が見え、左下の花束の前には、右翼の大立者、「頭山満《とうやまみつる》」の名前が見える。またこの写真では見えないが、右側の参列者の後ろには海軍大臣からの花輪もある。棺の右横に立つのは、イブラヒムを継いで東京モスクのイマーム（指導者）になったムハンマド・アミン。

民族の別を超えた汎イスラム主義を唱えたイブラヒムは、世界各地へ旅することでイスラム・ネットワークを形成し、世界的な指導者となっていった。一九〇九年、ユーラシア周遊の旅の途中で日本にも滞在し、頭山などのアジア主義者や政治家たちと交遊した。満洲事変後、日本陸軍が中国回民などイスラム教徒への対策のために、トルコで事実上隠遁生活を営んでいたイブラヒムに目をつけ、日本へ招聘した。イブラヒムは一九三三年に来日し、三八年五月の東京モスクの開堂式の礼拝をとりしきるなど、日本のイスラム対策に協力した。東方社ではこのイブラヒムの葬儀から埋葬までを撮影しているが、図71、72を含めその中の二六枚を収めた「イブラヒム翁葬儀写真帳」が、参謀本部から大日本回教協会に寄贈されており、これらの写真は東方社が参謀本部の要請で撮影したと推測される。

図73〈大日本回教協会の会合〉は、東京モスクに隣接する東京回教学校の二階で開かれた、大日本回教協会の会合の様子であると思われる。大日本回教協会は、陸軍の後援の下、日本とイスラム諸民族との関係強化のために、一九三八年九月に設立された。日の丸と

図71　アブデュルレシト・イブラヒムの葬儀①　1944/9/2　撮影：（三宅澄）

図72　アブデュルレシト・イブラヒムの葬儀②　1944/9/2　撮影：（三宅澄）

図 73　大日本回教協会の会合　1944 年夏

トルコ国旗の前で立っているのが、会長の四王天延孝《しおうでんのぶたか》陸軍中将。その右隣にムハンマド・アミンが座っている。

図74～75〈ラース・ビハーリー・ボースの葬儀①～②〉は、一九四五年一月二九日に東京・芝の増上寺で行われたラース・ビハーリー・ボースの葬儀の写真であるが、分類の都合上、本章でとりあげる。

R・B・ボースは、インドで独立運動に投じて官憲に追われ、一九〇五年日本に亡命した。日英同盟が存在していた間は日本でも逃亡生活を余儀なくされ、一時期新宿中村屋に匿われていたため、〝中村屋のボース〟として知られる。逃亡生活から解放された後は、インド独立連盟を立ち上げるなど、日本からインド独立運動を展開した。アジア・太平洋戦争期の活動については、第2部で触れる。イブラヒム同様、ボースを支援し親しく世話をしたのは、頭山満らアジア主義者たちであった。図74の祭壇には、R・B・ボースの遺影や「自由印度假政府最高顧問　勲二等旭日重光章」などと書かれた幟が見える。図75の前列右端は広田弘毅《ひろたこうき》元首相、二列目右端は右翼の長老的存在であった国龍会主幹の葛生能久《くずうよしひさ》。広田の横は、ボースの長男・防須正秀と思われる。また陸軍の将官の姿も見える。

イブラヒムやR・B・ボースは、反西欧の宗教指導者あるいは独立運動家であり、彼らを利用しようとする日本軍との間で微妙な関係を築きながら、イスラム教徒やインド人の植民地支配からの脱却という自らの目標を達成しようとしていた。ともにそれぞれの望んだ世界を見ることなくこの世を去ったが、彼らの葬儀の写真からは、反西欧の宗教者や独立運動家と日本の軍部や右翼との人脈や関係がうかがえる。

図 74　ラース・ビハーリー・ボースの葬儀①　1945/1/29　撮影：菊池俊吉

図 75　ラース・ビハーリー・ボースの葬儀②　1945/1/29　撮影：菊池俊吉

第4章

破綻へ向かう日本

第4期◆一九四五年一月頃―四五年六月頃

一九四四年一一月二四日から米空軍による東京への本格的な空襲が始まる。本章では、戦争末期、空襲の脅威にさらされる中で、労働や防空対策に動員される人々や戦争末期の街の様子を写した写真を紹介する。東方社では、『FRONT』「インド号」から判型を小さくし、この時期にも『FRONT』「戦時東京号」を制作している。しかし、従来の『FRONT』のようなぜいたくな雑誌を作る余裕はなくなっており、壁写真ポスターなどの小型宣伝物が主流になっていた。

また東方社では、労働や防空と並行して、東京周辺の空襲被害についても多くの写真を撮影しているが、東京都区部における空襲の被害を記録した写真については、『決定版　東京空襲写真集』（東京大空襲・戦災資料センター編、勉誠出版、二〇一五年）に収録しているため、本書では割愛した。本書では、空襲被害については、東京都の区部以外と近隣県のもののみとりあげる。

第1節●産業と労働

第3章で述べたように、一九四四年三月から国民学校高等科の児童たちも、勤労動員の対象となっていた。図76〈新小岩操車場で働く国民学校児童①〉は、東京都葛飾区の新小岩操車場で機関車の手入れをする児童たちを写したものである。図77〈新小岩操車場で働く国民学校児童②〉はその中のひとりのポートレートであり、胸の名札は「寒川國民學校少年団　千葉機関區　荒生良一」と読める。荒生少年は一九四三年三月に千葉市の寒川国民学校初等科を卒業しており、当時は同校高等科二年生、現在でいえば中学二年生であった。彼らの姿は、『朝日新聞』（一九四五年一月二二日朝刊）にも「機関車と取組む幼い手」として、写真入りで紹介されている。当時においては〝戦争協力に励む少国民〟として宣伝価値も高かったのであろうが、まだあどけなさの残る少年が、油で手を真黒にしながら働いていたことは、現在の目から見れば痛々しいように思われる。

図78～80〈中華民国興亜建設隊①～③〉は、長野県下伊那郡天龍村の平岡発電所（平岡ダム）の建設隊「中華民国興亜建設隊」の写真である。平岡ダムの建設は、熊谷組が請け負い、一九四〇年に着工された。『熊谷組社史』（熊谷組編集・発行、一九六八年、一〇六頁）によれば、アジア・太平洋戦争期には平岡ダムの建設に、連合国軍捕虜、さらに中国人捕虜を使役しているので、これらの写真に写っているのは、その中国人捕虜たちであろう。中国人たちは一九四四年六月から労働に従事していたが、資材とりわけセメントの不足により同年五月に主要工事が中断されたため、平岡ダムの上流の飯島発電所の水路工事に主力が移され、「中国人捕虜七百人ほどを毎日かよわせ」（前掲『熊谷組社史』、一〇九頁）たと記されているので、図79の作業現場は飯島発電所の方であるかもしれない。

原英章による中国人たちの「華人隊長」（日本人）からの聞き取

図 76　新小岩操車場で働く国民学校児童①　1945/2/6　撮影：（林重男）

図 77　新小岩操車場で働く国民学校児童②　1945/2/6　撮影：（林重男）

図 78　中華民国興亜建設隊①　1945/3/26　撮影：（林重男）

り調査（「戦時下、平岡ダムにおける中国人強制連行」『伊那』三六巻一一号、一九八八年一一月、二八〜二九頁）によれば、中国人たちの主な仕事は、コンクリート用砂利採取作業や工事用資材の運搬などであり、朝六時起床、点呼、作業の言いわたしのあと七時から約八時間働かされていたという。図78は朝の点呼、作業言いわたしのときの写真であろうか。図79は砂利採取作業であろう。また先の聞き取りによれば、食事はパン食で、「パンは小麦粉と代用の米ヌカやフスマを六対四の割合で混ぜてつくった。コッペパンに似たたて長のパンが一日三個と塩水に近い汁だけであった」という。図80は食事の様子だが、食卓もなく筵の上に紙を敷いておかれているのが、そのパンではないだろうか。この写真では撮影用のためか、豆のようなものも食べている。後ろには寝具らしきものも見えており、おそらくここで雑魚寝をしていたのであろう。「着のみ着たままであった」という証言通り、継ぎのあたった衣服を着ている人も多い。中国人労働者に関しては、これらの写真よりもさらに悲惨・過酷な環境にあったであろうと思われる証言も多くあるが、これらの写真でも厳しい環境のなかで、重労働に従事させられていたことがうかがえる。ちなみに平岡ダムは一九四五年四月に工事中止となり、敗戦後、一九五〇年に熊谷組によって工事が再開され、五二年に完成する。

宣伝物に利用するためにカメラマンがそう求めたものであろうが、国民学校の児童たちの表情は総じて明るく、「中華民国興亜建設隊」にしても、一連の写真の中には笑顔の写真もある。中等教育機関への進学率がまだ低い戦前・戦中にあっては、小学校（国民学校）を卒業して職に就く児童は多かった。当時にあっては、彼らは立派な労働力であったが、戦局の悪化は彼らの卒業を待たずに労働現場に駆り出した。また中国人労働者の利用については、すでに一九四二年に「華人労務者内地移入に関する件」が閣議決定されていたが、四四年二月の「華人労務者内地移入の促進に関する件」の決定（次官会議）により、動員が本格化した。そして、朝鮮人労働者の確保が困難になった重労働の現場に中国人が投入されるようになっていった。子どもや中国人の労働現場をとらえたこれらの写真は、戦争遂行のための無理な労務動員の帰結を物語るものといえるだろう。

図 79　中華民国興亜建設隊②　1945/3/26　撮影：(林重男)

図 80　中華民国興亜建設隊③　1945/3/26　撮影：(林重男)

図 81　日本橋白木屋付近　1945/1/18　撮影：関口満紀

第2節●東京の街頭

本節では、一九四五年初頭の東京の街頭を撮影した写真を紹介する。既に空襲は始まっていたが、まだ広範囲を焼き払うという大空襲の段階に達する前で、物資の逼迫は感じられるが、日常生活がかろうじて存在した最後の時期の様子である。

図81〈日本橋白木屋付近〉は、一九四五年一月一八日の東京・日本橋の白木屋前の様子である。白木屋一階のショーウインドーの上には、「DEPARTMENT　STORE」という英語表記が残るものの、「銀製品買上所」の看板の右側、牛が引く荷車の荷の後ろに「誓必勝　一億憤激米英撃摧」、左側に「僕らは銀□　比島突撃□　神風」（□は不明）と書かれたポスターが貼られている。さらに左の方で、ショーウインドーの前で足を止めている人が見ているのは、この写真ではわからないが、「翼賛窓新聞」の掲示場所に貼られた「初春の農村へ、急げ疎開者」と題した壁新聞である。道行く人は、男性はゲートル、女性はモンペが多くなっている。

図82〈築地野菜市場〉は、一九四五年一月二六日に撮影された築地の野菜市場の写真である。トラックに大根が積み込まれているが、市場に並べられているのはすべて大根であり、前後の別カットの写真にも、大根以外の野菜は写っていない。

図83〈新宿の街頭〉は新宿駅東口付近の写真で、正面の建物は食堂聚楽。聚楽の外壁一面には、飛行機の絵とともに「航空機増産總突撃！」と書かれており、白木屋同様、建物自体が戦時プロパガ

図82　築地野菜市場　1945/1/26　撮影：菊池俊吉

ンダの媒体として利用されている。中央の鉄帽を後ろに回した後姿の男性は、写真からは腕章は読みとれないが、撮影者の林重男によれば憲兵である（『反核・写真運動』編『原爆を撮った男たち』草の根出版会、一九八七年、一六九頁）。

図84〈丸の内の集団歓送〉は、丸の内の街頭で撮影されたものである。手前で輪になって歌っている青年たちの正面左側の「神風」の鉢巻をした青年は、日の丸の寄せ書きをタスキにしているように見える。この写真には、撮影者の林重男が「日比谷交差点での集団歓送（出征）風景」とキャプションをつけており（前掲『原爆を撮った男たち』一六五頁）、詳しいことは不明だが、ほかにも同じようなグループがいくつかあるので、出征の壮行会があったものと思われる。後ろの木の小屋のようなものには、「神鷲に続け」というポスターが貼ってある。

第3節●本土決戦準備と空襲・防空

図85～86〈栄養学校の防空訓練①～②〉は、一九四五年一月二二日に撮影された栄養学校（現佐伯栄養専門学校）の防空訓練の写真である。同校は医学博士で栄養学の創始者である佐伯《さいき》矩《ただす》が一九二四年に栄養指導の専門家を育成するために創設した学校で、東京都大田区大森にあった。図85は放水ポンプ車をひく女子学生たちで、図86はポンプ車の放水の準備をしているところ。ポンプ車には「栄養學校特設防護團」と書かれている。これらの写真からは、

図 83　新宿の街頭　(1945/1)　撮影：林重男

図 84　丸の内の集団歓送　(1945/1)　撮影：林重男

女子学生たちが防空頭巾の上に鉄帽を被り、ポンプ車を操作して消火にあたる任務を負わされるようになっていたことがわかるが、擦り切れた靴で力を入れて作業にあたる女子学生たちの姿もまた、現在の目から見ると痛ましい。

図 85（右頁上）
栄養学校の防空訓練①
1945/1/22
撮影：関口満紀

図 86（右頁下）
栄養学校の防空訓練②
1945/1/22
撮影：関口満紀

一方、図87〈空襲に備えた部屋で寝る子どもたち〉は、防空の備えの見本例のような写真である。後ろの台の上にはラジオが置かれ、長押には防空頭巾や鉄帽、防毒面、リュックサックなどが掛けられている。女性が子どもを寝かしつけているが、モデルを使った撮影であろう。時計も四時を指している。歩道に作られた防空壕に入っている女性たちを撮った図88〈歩道に作られた防空壕に避難する人たち〉も、撮影者の影が写ってしまっているが、図87同様、防空の手引きのようなもののための撮影ではないかと思われる。

図89〈貯蔵庫にドラム缶を運ぶ人たち〉は、崖に作られた横穴式の貯蔵庫にドラム缶を運び入れる作業をしているところを撮ったもの。手前のドラム缶には「自揮」の文字が見える。このシリーズの中の類似した別の写真が、『丸』（四一巻九号、一九八八年九月、「本土決戦『前夜』」三六頁）に掲載されており、その解説によると、ドラム缶の中身はガソリンの代用にする松根油であり、撮影場所は千葉県成田近郊であるという。ドラム缶の上には陸軍の軍人が立っており、軍の指揮の下、民間人が運搬に動員されたものと思われる。

図90〈吉野村柚木に墜落したB29の残骸〉は、一九四五年四月二日に日本軍の迎撃により墜落したB29の残骸を見に来た人たちの写真である。場所は東京都西多摩郡吉野村柚木《ゆぎ》、現在の青梅市柚木町である。B29は近くの山林に墜落したらしく、この写真の後には、まだ山林に残されていた機体の一部などが写されている。図90では、村へ運ばれた破損部品を見に来た人々の前で、憲兵が機銃の弾帯を持ちあげているが、こわばった顔で見ている子どもが多く、まぶしそうでもある。

兵器関連工場が多かった神奈川県川崎市は、一九四五年四月一五日に大空襲を受け、五月二九日の横浜大空襲でも被害を受けた。図91〈空襲後の川崎市の出勤風景〉は、横浜大空襲から一〇日ほど経った六月八日に撮影された工場地帯の出勤風景である。画面右の線路の奥は焼跡になっているが、多くの人が行き来している。

前述のように東方社ではこの時期、東京都区部への空襲被害の写真も残している。そこには、本節で紹介したような装備や準備ではとても対処できなかった空襲の被害の実相が写されている。その落差を感じていただくためにも、『東京空襲写真集』をあわせてご覧いただきたい。

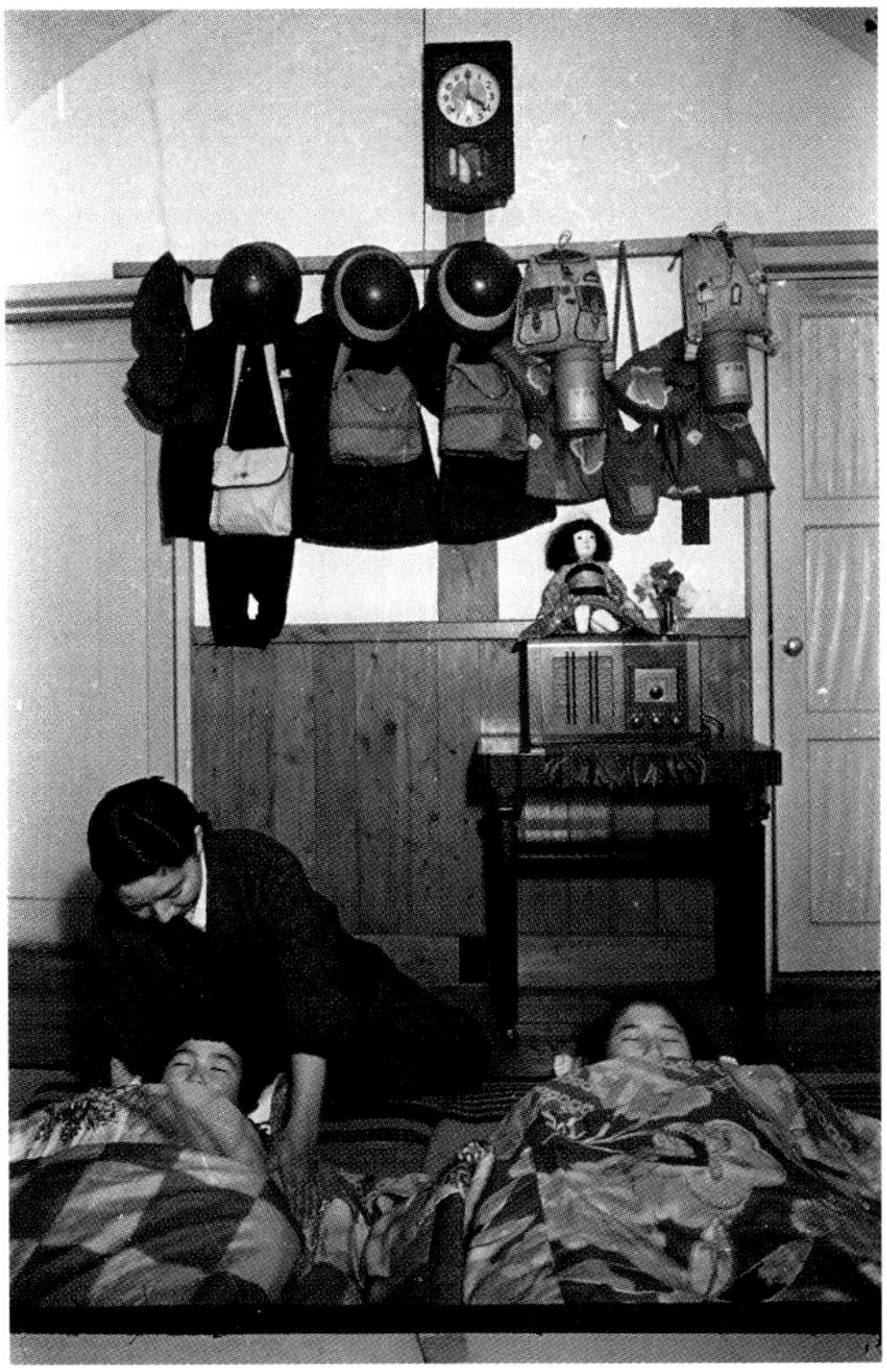

図87　空襲に備えた部屋で寝る子どもたち　(1945/1)　撮影：(林重男)

図 88（右頁）
歩道に作られた防空壕に避難する人たち （1945 年冬） 撮影：光墨弘

図 90（左頁）
吉野村柚木に墜落した B29 の残骸 1945/4/2 頃 撮影：関口満紀

兵

図 89　貯蔵庫にドラム缶を運ぶ人たち　(1945/4 ～ 5 頃)　撮影：林重男

図 91　空襲後の川崎市の出勤風景　1945/6/8　撮影：林重男

Column 1

東方社写真部のカメラマンたち

日本では一九三〇年代前半に、ドイツ帰りの名取洋之助や木村伊兵衛らによって、「報道写真」の時代の幕が開けられた。そして一九三八年二月、内閣情報部が国策を伝えるグラフ雑誌として『写真週報』を創刊したことによって、カメラマンや写真関係者の間で「報道写真」に関する議論が広がり、「報道写真」がひとつのジャンルとして確立されていく。東方社のカメラマンたちも、「報道写真」の申し子たちであった。

東方社の軸となった中央工房・国際報道写真協会から東方社に移ったのが、木村伊兵衛（図①-1）、渡辺勉、光墨弘《みつずみひろし》である。渡辺は編集部との兼任で、取材先との折衝などにもあたっていた。戦後は写真雑誌の編集や写真評論を中心に活動する。

濱谷浩《はまやひろし》は当時フリーのカメラマンで、木村伊兵衛から「はいれば徴用の心配もないし、いい仕事ができる」（濱谷浩『潜像残像』筑摩書房、一九九一年、六〇頁）と誘われて入社した。濱谷の東方社入社挨拶の葉書（一九四一年七月）には、「時局益々重大の際報道写真家としての使命を痛感致し大いに勉強致度所存に御座候」とある。菊池俊吉は『写真週報』や『婦人公論』などに写真を提供していた東京光芸社にいたが、渡辺から声をかけられた。最後は同社を率いる加藤恭平に木村が頼んで、東方社にもらい受けたという。

図①-1　木村伊兵衛

一方、東京写真専門学校（現東京工芸大学）出身で暗室主任となった風野晴男《かざのはるお》は、姻戚の陸軍将校・小野寺信から東方社の話をもちかけられた。小野寺はヨーロッパ方面で対ソ諜報を担った中心人物で、ラトビア公使館付武官などを務めていたが、当時は参謀本部ロシア課員兼陸軍大学校教官として日本にあった。風野の後輩にあたる写専出身のカメラマ

図①-2　大木実　撮影：林重男

図①-3　関口満紀

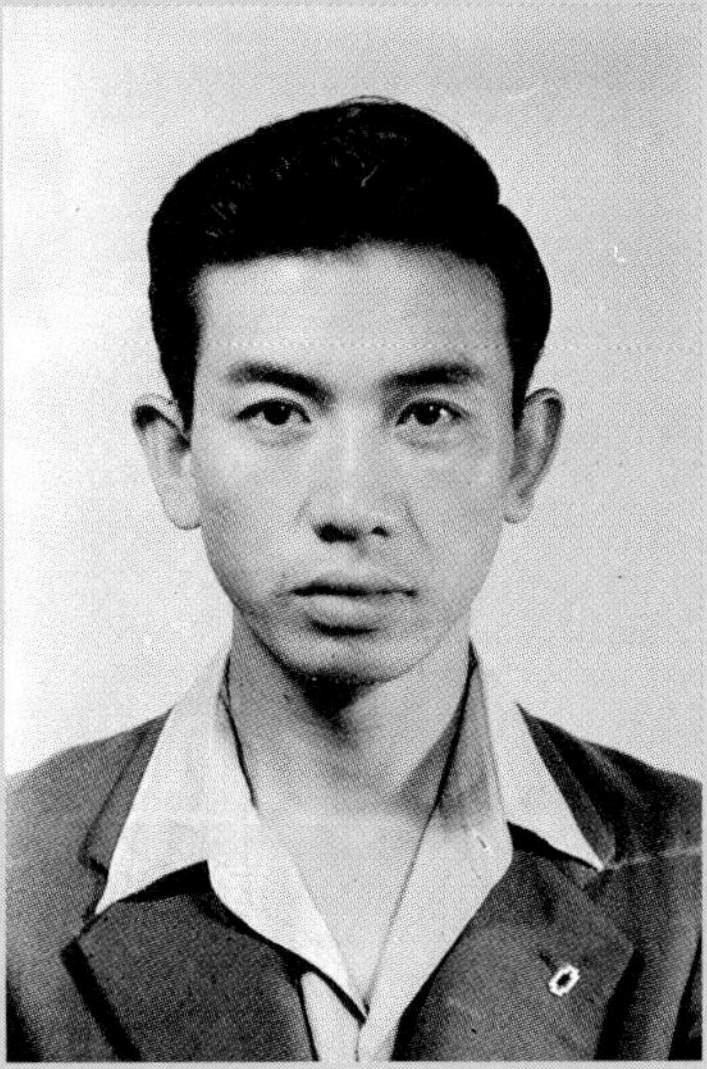

図①-4　林重男

ンに、大木実（図①-2）、関口満紀《せきぐちみつのり》（図①-3）、林重男（図①-4）、坂口任《さかぐちただ》弘《ひろ》らがいる。大木、関口、林は、一九三六年に写専に入学した同期生である。卒業後、大木は広告写真の工房であった金鈴社、関口は読売新聞社、映画のカメラマンを目指していた林は横浜シネマ現像所に就職した。大木、関口は、四一年夏に東方社に入ったようだが、林は四〇年に徴兵され、満洲で軍隊生活を送った。林が大木に請われて入社したのは、四三年初めに除隊となって帰国した後、同年の初夏頃のことと思われる。その後、別所弥八郎（図①-5）も入社する。別所は松竹や東宝で映画のスチール写真を撮っていたが、自ら東方社へ替わってきた。なお木村、関口、林が上着の襟につけているのが東方社の社章で、原弘《はらひろむ》が「亜」の字からデザインした。また大木の写真は、サイゴン（現ホーチミン）での取材の際に撮られたもので、胸ポケットの上についているのは陸軍軍属の胸章である。別所の写真は、大陸打通作戦従軍時に柳州で撮影されたものである。

図①-5　別所弥八郎

　そのほかに経歴は不明だが、「東方社コレクション」の中には桂小四郎、長谷川一真などが撮影した写真が残されている。また暗室には、戦後風景写真で活躍する薗部澄がいたが、一九四四年に徴兵され、フィリピン戦線に送られた。東方社でも徴兵は免れることができず、坂口任弘も四三年三月に出征しており、菊池俊吉も即日帰郷となったものの、召集がかかった。坂口も幸い生還し、戦後文化社に参加した。**参考図版①－1**は初期の写真部員たちの写真で、左からふたり目の女性は、ネガ整理を担当していた三宅君子である。

生年のわかっているカメラマンを生年の早い順に並べると、木村一九〇一年、渡辺〇八年、光墨〇九年、濱谷一五年、菊池・大木一六年、関口・別所一七年、林一八年である。木村は四〇代になっていたが、ほかはみな二〇代半ばから三〇代半ばであった。

一九四四年になると、企業整備で店をたたまざるを得なくなったカメラ店の店主、後藤種吉、安藤勝、田辺良雄、小山進吾らが入社した。また四月からは浅野隆、三宅澄ら写専の学生が勤労動員で加わり、写真部は大所帯になる。東方社は同年五月に野々宮ビルに移転するが、彼らは主に同ビルの地下で暗室作業に携わりながら、撮影にも行った。浅野隆「野々宮ビル地下、暗室しごと」(『FRONT復刻版　解説Ⅲ』平凡社、一九九〇年、一七頁)によれば、写真整理の女性スタッフを含めて、一七～八人が地下で働いていたという。若手カメラマンたちが、次々と長期の海外取材に出られたのも、彼らが入ってきたからであろう。**参考図版①－2**は、戦後の第一次文化社時代の写真部員たちの写真である。

東方社のカメラマンで戦後も報道写真家であり続けた人は少ない。写真の道はいろいろであり、商業写真の方に進んだ人もあれば、新聞社の仕事についた人もあり、写真スタジオを経営していた人もある。また写真をやめた人もある。東方社の幹部だった文化人たちも、戦後、東方社についてほとんど語らなかった。東方社は陸軍と深く結びついていたため、戦争協力の非難は免れ得ず、東方社について語ることは難しかったのであろう。これらの事情から、カメラマン個人に戻されたネガが活用されることは多くはなかった。戦後七〇年余りを経て、状況はさらに厳しくなってきているともいえるが、眠っているネガや資料が発掘され、社会の役に立つ日があることを願う。

参考図版①-1　東方社初期の写真部員　前列左から大木、三宅、坂口、濱谷、濱谷の後ろが桂　濱谷浩写真資料館（片野恵介）蔵

参考図版①-2　第１次文化社の写真部員　左からひとりおいて大木、坂口、林、田辺　個人蔵

Column 2

濱谷浩の撮影ノートと東方社関係文書

濱《はま》谷《や》浩《ひろし》は写真においても自身の生活においても「記録」を大事にする人で、戦時中の撮影ノートや日誌だけでなく、書類や手紙類も残していた。これらは幸い空襲に遭うこともなく、現在も濱谷浩写真資料館に保存されている。

一九四一～四二年春頃の取材を記した撮影ノートは、四一年八月二二～二五日の海軍潜水学校と海軍兵学校の取材から始まっている。陸軍関係の取材は、九月三〇日の千葉陸軍戦車学校の取材が最初で、その日には「戦車、歩兵、野砲、三者大演習」、「午后、戦車の列んだところ」と記されている。戦車学校にはその後もう一度取材に行っている。菊池俊吉によれば、これは濱谷の希望であったらしい（菊池俊吉「ライカ、フロント、東方社写真部」『FRONT復刻版　解説Ⅱ』平凡社、一九九〇年、九頁）。『FRONT』「陸軍号」でも最も有名な、見開き一杯に何十台もの戦車が並んでエンジンをふかしている写真は、おそらく二度目の取材の日に、濱谷が戦車学校の校舎二階の屋根の上にあがって撮影したものである。戦車

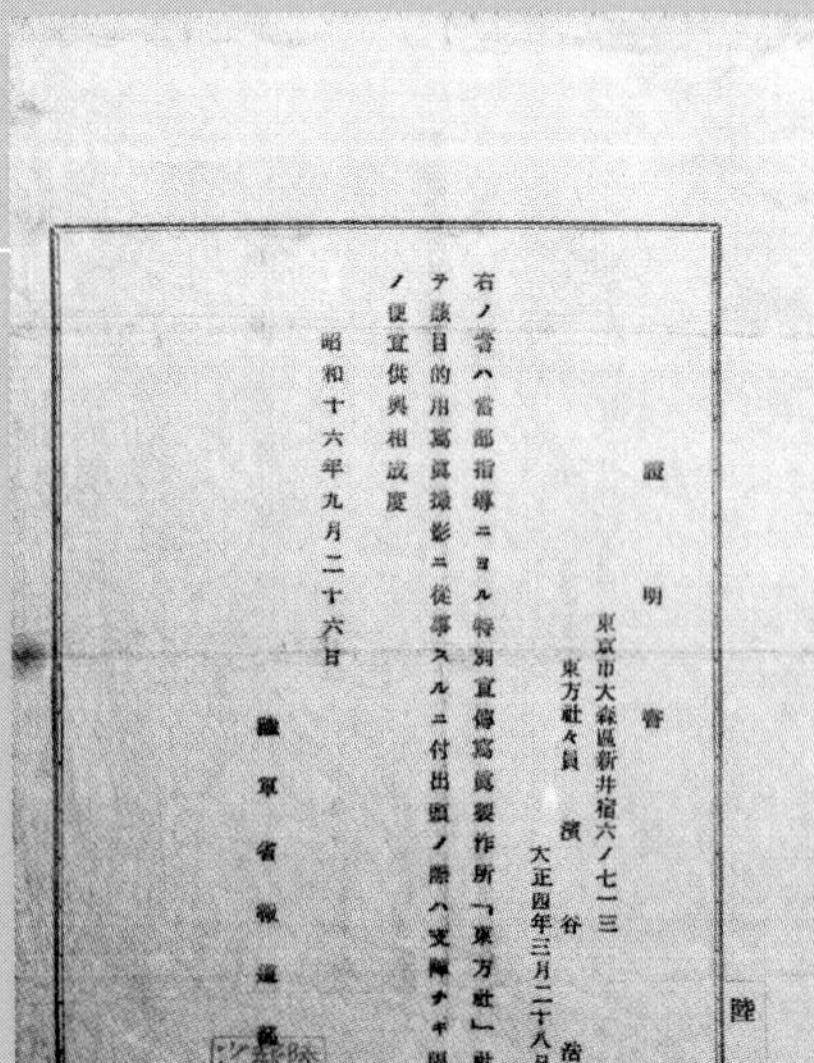

證明書

東京市大森區新井宿六ノ七一三
東方社々員　濱谷浩
大正四年三月二十八日生

右ノ者ハ當部指導ニヨル特別宣傳寫眞製作所「東方社」社員ニシテ該目的用寫眞撮影ニ從事スルニ付出頭ノ際ハ支障ナキ限リ特別ノ便宜供與相成度

昭和十六年九月二十六日

陸軍省報道部

陸軍省報道部之印

陸軍

参考図版②－1　陸軍省報道部発行の「証明書」濱谷浩写真資料館（片野恵介）蔵

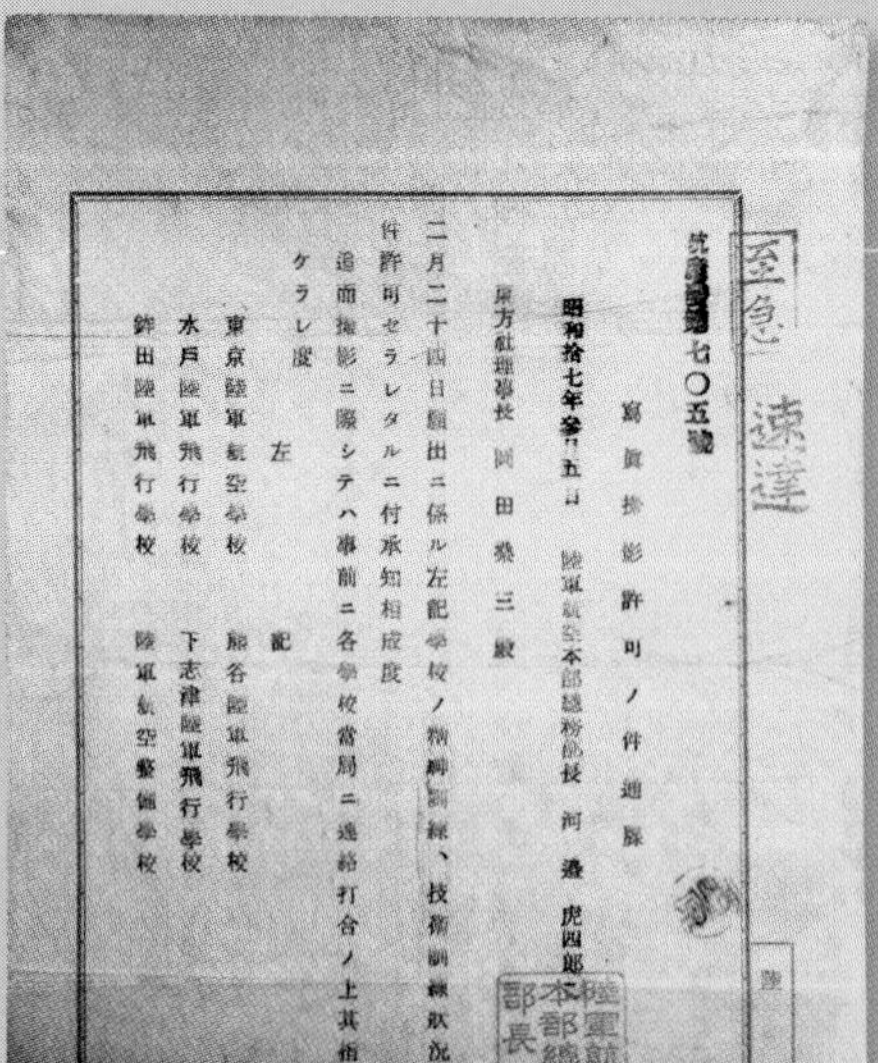

至急　速達

七〇五號

寫眞撮影許可ノ件通牒

昭和拾七年參月五日　陸軍航空本部總務部長　河邊虎四郎

東方社理事長　岡田桑三殿

二月二十四日願出ニ係ル左記學校ノ精神訓練、技術訓練狀況撮影ノ件許可セラレタルニ付承知相成度
追而撮影ニ際シテハ事前ニ各學校當局ニ連絡打合ノ上其指示ヲ受ケラレ度

左記

東京陸軍航空學校　熊谷陸軍飛行學校
水戸陸軍飛行學校　下志津陸軍飛行學校
鉾田陸軍飛行學校　陸軍航空整備學校

陸軍航空本部總務部長印

陸軍

参考図版②－2　「写真撮影許可の件通牒」　陸軍航空本部総務部長河辺虎四郎発行の岡田桑三宛通牒　濱谷浩写真資料館（片野恵介）蔵

参考図版②－3　濱谷浩の撮影ノート　左上に鉾田飛行学校と書かれている　濱谷浩写真資料館（片野恵介）蔵

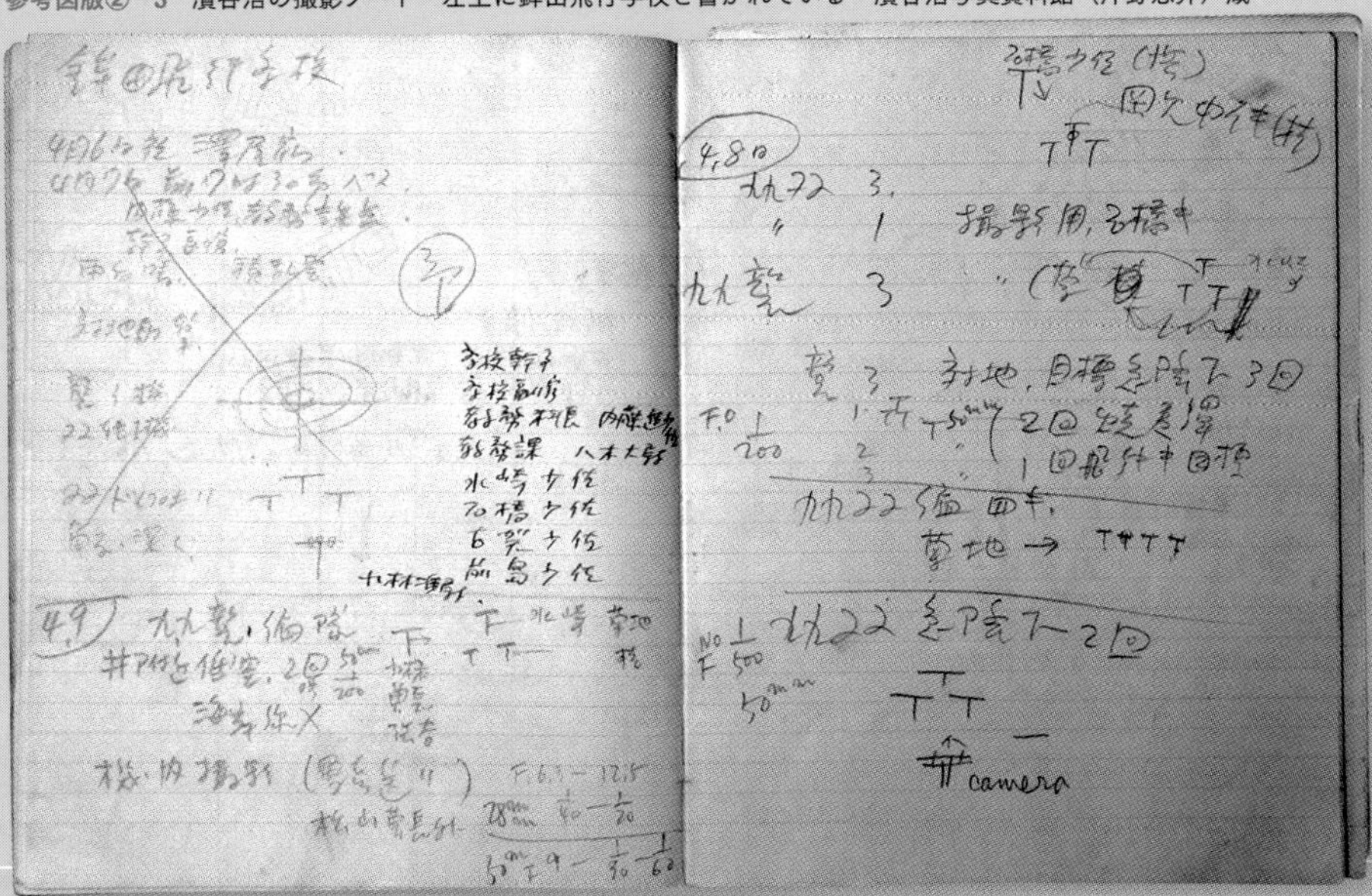

学校の二度目の取材の前後には、歩兵学校、騎兵学校、防空学校、兵器学校、工兵学校など、陸軍の諸学校の名前が並んでいる。また大阪造兵廠へも大木実とともに取材に行っており、一〇月一〇日の海兵団の取材メモには、「閲兵式」「分列式」「クレーン」などと記されている。

　陸軍省報道部発行の一九四一年九月二六日付「証明書」（参考図版②－1）は、おそらくこれら陸軍の諸学校・諸施設の取材に先立って発行されたものと思われる。一九四二年春になると陸軍の飛行学校の取材が続くが、参考図版②－2の「写真撮影許可の件通牒」（一九四二年三月五日）は、その許可証であろう。濱谷らはこれらの証明書や許可証をもって、各学校や施設に取材に赴いたものと思われる。

　濱谷は一九四二年三月一七～一八日に熊谷飛行学校を取材しており、27頁でも述べたが、図11はこのときに撮影されたものと思われる。続いて水戸飛行学校や鉾田飛行学校にも取材に行っており、前者の取材では「九七重爆1機（大木、坂口同乗）」のメモがある。参考図版②－3は、四月八～九日の鉾田飛行学校取材のときに書かれたものである。

　また32頁で述べたように、東方社では満洲建国一〇周年の新京（現長春）での慶祝式典にあわせて満洲取材に出かけ、式典のほかさまざまな写真を手分けして撮影している。濱谷もこの満洲取材に参加し、黒河《こくが》や北安《ほくあん》などソ連との国境地帯に駐屯する部隊の撮影を担当した。陸軍省報道部に提出した「カメラ持込証明書」（一九四二年八月二四日）によると、濱谷が満洲取材に持参したカメラは、ローライフレックス一台、ライカⅢB二台である。参考図版②－4は新京での式典を写したものだが、裏に「空席が目立って写真が撮りにくかった。」と記されている。『FRONT』はじめ、当時使用されたこの式典の写真は、会場がぎっしり埋まっているような印象に見えるが、写し方やトリミングでそう見えるように工夫されていたのではないだろうか。濱谷のメモは、歴史の裏を教えてくれる貴重な証言だと思われる。

　しかし濱谷はこの後、ほどなく東方社を去る。満洲取材前の七月、航空関係の取材で、撮影助手の辻潤之助が同乗した飛行機が事故を起こしていた。負傷した辻に対する幹部の対応が引き金になって、写真部の若手カメラマンたちの不満が噴き出す。飛行機に乗ったり、建物やクレーンの上で撮影を行なったりするカメラマンたちには危険がともなう。東方社ではそれに対する補償が十分でないというのがカメラマンたちの言い分で、若手カメラマンを代表して、濱谷が幹部と交渉した。これによって、濱谷と幹部との間に軋轢ができ、濱谷はおそらく一九四二年の末までに東方社を辞める。濱谷と行を共にするというカメラマンたちを抑え、濱谷はひとりで去った。

8頁で述べたように、東方社は一九四三年三月に体制改革をしているが、この一件もその一因となっていたのではないかと思われる。また同年前半にはネガ番号と撮影時期がかなり前後して入り混じっており、ネガの整理がスムーズに行われていなかったことがうかがえる。ネガ番号の混乱は、組織のゴタゴタや濱谷辞職の影響によるものであったのかもしれない。幸い濱谷はその後、太平洋通信社に職を得、四〇年から始めた新潟県中頸城《なかくびき》郡《ぐん》谷《たに》浜村《はまむら》（現上越市）の小正月行事の取材も毎年続けながら、戦争を乗り切る。

戦後も濱谷は孤高の一匹狼であった。濱谷にとって東方社は腕を振るえる場所でもあったが、息苦しい場所でもあったのではないだろうか。戦後の濱谷は、組織に縛られずに撮りたいものを撮り続け、被写体との関係を大事にしながら、報道写真家として独自の道を歩み続けた。

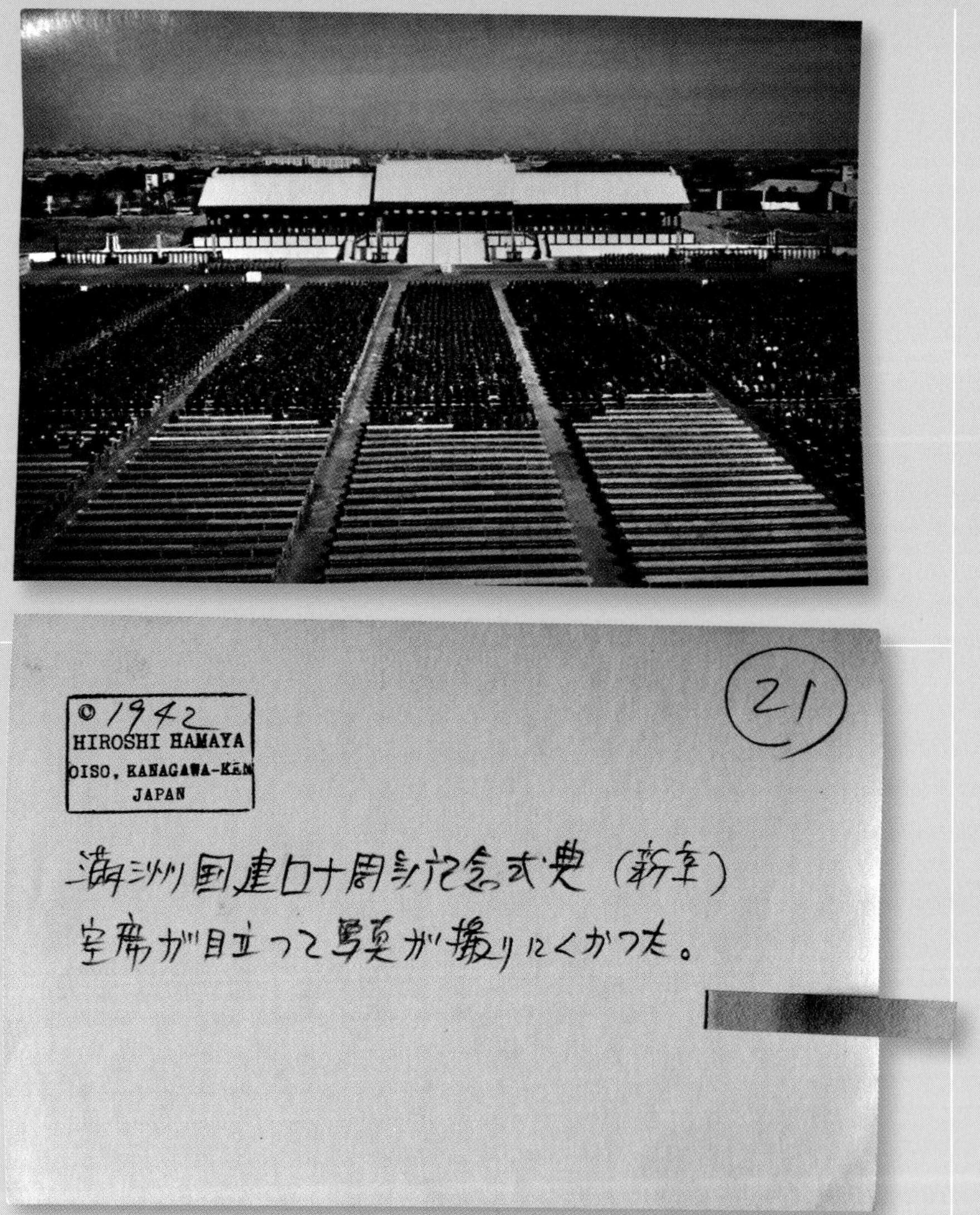

参考図版②-4　満洲国建国十周年記念式典の写真と裏書　濱谷浩写真資料館（片野恵介）蔵

第2部 東南アジア編

第1章

マラヤ・シンガポール取材

——一九四二年

光墨弘

一九四一年一二月八日のアジア・太平洋戦争開戦から約半年で、日本軍は欧米の植民地であった東南アジア各国の攻略に成功し、各地に軍政を敷いた。日本軍は南方占領地に対して、基本的には「残存統治機構を利用し、従来の組織及民族的慣行を尊重」（大本営陸軍部「南方作戦に伴ふ占領地統治要綱」一九四一年一一月二五日）する方針をとったが、軍政のあり方は、国・地域により違いがあり、また戦局の推移にともなって変化していった。しかし、いずれにせよ南方軍政の要諦は、「治安の回復」、「重要国防資源の急速獲得」、「作戦軍の自活確保」にあり、現地住民の民生は軽視された。日本は、アジア・太平洋戦争の目的として、欧米支配下にあるアジア諸民族の解放を唱えたが、日本軍の支配の下で、各国とも現地住民はさまざまな苦しみを味わうこととなった。

イギリスのアジア支配の中心地であったシンガポールは、日本軍の最大の攻略目標のひとつであり、陸軍は真珠湾攻撃の約二時間前にマレー半島への奇襲上陸作戦を開始した。アジア・太平洋戦争が対英戦争でもあったことは忘れられがちであるが、日本軍は真珠湾攻撃で対米戦争を開始するとともに、マレー攻略作戦も開始しており、真珠湾攻撃より一足先にイギリス領コタバルへの上陸に成功していた。マレー半島を〝銀輪部隊〟などで縦断し、一九四二年二月一五日にシンガポールを占領した日本は、シンガポールを南方軍政の拠点とし、シンガポール島を昭南島と改称、行政府として昭南特別市を設置した。そして、資源の豊富なマレー半島とともに同地を敗戦まで日本の直接統治下においた。

光墨弘《みつずみひろし》は、一九四一年一一月に陸軍宣伝班に徴用され、マラヤ・シンガポール方面に赴任した。航空部隊付報道班員となった彼は、マラヤ・シンガポール各地で写真撮影を行い、四二年末に徴用解除となって帰国する。四四年には、このとき撮影した写真を集めて、『南方報道写真集　マライ』（東亜文化書房）を刊行した。「東方社コレクション」の中に、同写真集に掲載されている写真と同じものが七九点あり、光墨が報道班員として撮影したと思われる写真ネガが、それらを含み七八八枚存在する。その大半がシンガポールで撮影されたものであり、『FRONT』「インド号」にも一点利用されている。この写真群が東方社の写真とともに保管されていた経緯は明らかではないが、占領初期のマラヤ・シンガポールの状況を記録した貴重な写真であるので、本章でその一部を紹介したい。

光墨はシンガポールで行われた各種行事や街の様子などをとらえているが、人口の約四分の三を占める中国人の姿は、街頭風景に少し見られるだけで非常に少ない。マラヤ・シンガポールでは日本軍は民族ごとに統治方針を決定しており、マレー人やインド人は比較的優遇されたが、シンガポールが華僑の抗日運動の拠点であったため、中国人に対しては強圧的な施策をとっていた。中国人の写真が少ないのは、その影響であるかもしれない。

第1節●軍関係の視察・行事・作業

図92〈ラッフルズ像の撤去作業〉は、トーマス・スタンフォード・ラッフルズ卿の銅像を、インド系の現地住民たちが撤去する様子をとらえたもので、一九四二年九月に撮影された。ラッフルズは、シンガポールを貿易の中継地として好適と考え、同地をイギリスの植民地とした立役者である。インド系住民たちがその銅像を撤去する様子は、イギリス支配の終焉を象徴するものであるが、一連の写真からは、作業が丁寧に進められていたことも見てとれる。撤去作業の様子は、『写真週報』二五〇号（一九四二年一二月九日）「ラッフルス博物館に入る」でも紹介された。銅像の後ろの建物（ビクトリア記念館、現ビクトリア・シアター）は、シンガポール市政庁・市公会堂であったが、日本軍占領後は、写真の看板に見えるように日本軍の「やせんいうびんたい」（野戦郵便隊）として使われた。なお撤去されたラッフルズ像は、このあと昭南博物館に移された。光墨は昭南博物館に設置される様子も撮影している。

日本軍は、シンガポール争奪戦の山場となったブキテマ高地を、占領後「武威山」と名付け、そこに忠霊塔を建てた。図93〈忠霊塔の除幕式〉は、一九四二年九月一〇日に行われた、その忠霊塔の除幕式の模様である。塔の後ろにあるのは納骨堂。小高い山に建てられた忠霊塔は、それを見上げるシンガポール市民たちに支配者が日本であることを示すための装置でもあり、ラッフルズ像の撤去と一体となって支配者の交代を強く意識させるものであった。図

図92　ラッフルズ像の撤去作業　1942/9　撮影：光墨弘

94〈連合国軍兵士の供養塔〉は、図93の忠霊塔・納骨堂の裏に作られた連合国軍兵士のための木製十字架型供養塔を写しており、手前には花輪がいくつか見える。この供養塔の除幕式は、忠霊塔除幕式の翌一一日に行われた。両除幕式の模様およびその後の日本軍軍人の奉納相撲大会と連合国軍捕虜のボクシング大会の様子が、『日本ニュース』一二二号（一九四二年一〇月六日）「昭南島に忠魂碑建立」で放映されている。

忠霊塔とともに建設が進められ、日本の支配を誇示するものとなったのが昭南神社である。図95〈昭南神社の階段を昇る日本軍軍人〉は、造営途中の階段を昇る軍人たちをとらえたもので、彼らも神社の造営作業のためにきたのではないかと思われる。後ろに写るのがマクリッチ貯水池であり、その周囲の景勝地に神社は建立された。神社の造営には、日本軍軍人のほか、連合国軍の捕虜があてられ、前述の忠霊塔と昭南神社の建設に動員された捕虜の数は、約二万人と言われる。その姿は、『写真週報』二三五号（一九四二年八月二六日）「俘虜も御奉仕　昭南神社の御造栄」などで紹介されている。

昭南神社はシンガポール占領からちょうど一周年の一九四三年二月一五日に鎮座式を行い、その後、異教徒である現地住民たちにも参拝が強要されていく。日本のシンガポール支配の象徴でもあった昭南神社と忠霊塔は、敗戦にともない、一九四五年八月二五日に日本軍自らの手で爆破された。

日本軍はシンガポール占領後、チャンギ刑務所を捕虜収容所および敵性国人収容所として利用した。図96〈チャンギ敵性国人収容所

図 93　忠霊塔の除幕式　1942/9/10　撮影：光墨弘

図 94　連合国軍兵士の供養塔　（1942/9）　撮影：光墨弘

の視察〉は、この前後の写真から、寺内寿一《てらうちひさいち》南方軍総司令官以下が、チャンギの敵性国人収容所を視察した際に撮影されたものと思われる。イギリス人であろうか、写真中央で欧米系の女性民間人収容者が軍人たちにお辞儀をしている。日本軍は現地の人々に軍人へのお辞儀を強要したが、欧米人にとっても、アジア人にとっても、

図 95　昭南神社の階段を昇る日本軍軍人（1942/9 ～ 10 頃）　撮影：光墨弘

図 96　チャンギ敵性国人収容所の視察（1942/9 ～ 10 頃）　撮影：光墨弘

図 97　連合国軍捕虜（1942/9 ～ 10 頃）　撮影：光墨弘

それは不自然なことであった。

　前述のように、日本軍は連合国軍捕虜を忠霊塔や昭南神社の建設に動員していたが、図97〈連合国軍捕虜〉は、前後の写真から先の視察の一環で、なんらかの作業にあたっている捕虜たちを撮影したものと思われる。中央左寄りに、着剣した小銃をもつ日本軍の兵士がひとり見える。筆者も協力したNHKBSスペシャル「2万枚のネガに刻まれた戦争〝大東亜共栄圏〟の実像」（二〇一六年三月一二日放映）の取材過程で、この写真に写る捕虜たちは、チャンギ刑務所に収容されていたオーストラリア軍の捕虜であることがわかった。チャンギ刑務所などチャンギ地区には約五万人の捕虜が収容されていたが、この時点では労働もまだそれほど厳しいものではなく、監視員の取り扱いも比較的人道的であったようだ。しかしこの後、彼らの一部は「死の鉄道」といわれた泰緬《たいめん》鉄道の建設に従事するためシンガポールを後にし、また別の一部は飛行場建設のためボルネオ島のサンダカンに送られ、過酷な労働を強いられることになる。後者では、戦争末期の「サンダカン死の行進」の中でも、多くの捕虜が命を落とした。

第2節●人々の暮らしと宗教

「南方作戦に伴ふ占領地統治要綱」では、宗教については、「既存宗教は之を保護し、信仰に基く風習は努めて尊重し、民心の安定を図り、我施策教化に協力せしむ」とされていた。前述のように、日本軍は異教徒にも昭南神社への参拝を強要していたが、改宗を迫るなどの宗教弾圧政策をとったわけではなかった。日本軍は何が宗教行為の介入にあたるのかを理解しておらず、理解不足であるがゆえに、住民を困らせ、苦痛を与える一方で、軍政に支障がない範囲で寛容でもあり、軍政に利用できる面は利用しようとしていた。

図98〈モスクで祈るイスラム教徒〉は、サルタンモスクで祈りを捧げるイスラム教徒たちを撮影したものである。サルタンモスクは、シンガポール最大・最古のイスラム教寺院で、現在も金曜礼拝には多くの人が訪れる。「東方社コレクション」の中にはないが、この写真と類似した光墨撮影と思われる写真が、『写真週報』二五四号（一九四二年一月一三日）「南方のお正月　回教徒の感謝祭」の中に、陸軍報道班撮影として掲載されている。その記事では、ラマダン明けの大祭（ハリ・ラヤ・プアサ）での祈祷の写真と紹介されているので、図98も一九四二年一〇月一〇日に行われたハリ・ラヤ・プアサで写されたものでないかと思われる。この写真の前後には、廊下やモスクの外まで人があふれている様子や、洗い場で体を洗う人、モスクの脇に並ぶ物乞いの姿なども撮影されている。

日本軍は南方各地において日本語の普及に力を入れた。日本語教

図98　モスクで祈るイスラム教徒（1942/10/10）　撮影：光墨弘

育は、日本軍の各施策の遂行のために必要だっただけでなく、日本精神や日本文化を理解するために必要なもの、つまり日本化・皇民化の基盤として重視された。また大東亜共栄圏の共通語として、諸民族を統合する媒介とも考えられた。そのためシンガポールでも中島健蔵ら宣伝班の文化人が中心となって、昭南日本学園を運営するなど日本語の普及が図られた。民間の日本語講習所も多数開設されており、図99〈東亜日本語学園〉に写る「東亞日本語學園」もそのひとつであると思われる。おそらく後ろの建物の一角で教室が開かれていたのであろう。門扉には張り紙が見えるが、判読はできない。

図100〈教室で勉強する少年たち〉は、イスラム教徒の少年たちが勉強しているところである。後ろの教室の仕切りのような壁には「学べ！使え！日本語！」という意味のマレー語の張り紙が貼られている。一番前の少年が見ている冊子は縦書きのように見えるので、日本語を勉強しているのではないかと思われる。

図99　東亜日本語学園　(1942/9 ～ 10 頃)　撮影：光墨弘

図100　教室で勉強する少年たち　(1942/9 ～ 10 頃)　撮影：光墨弘

図 101
街を走る昭南市電
（1942/9 ～ 10 頃）
撮影：光墨弘

図１０１〈街を走る昭南市電〉は、シンガポールの街を走る満員の無軌道電車（トロリーバス）を写したもので、車両の上に架線が見える。車体には「昭南市電　第五號」と書かれている。昭南市電は占領の翌三月から運行されたようである。左手前には、人力車だろうか、後ろの客席に座る女性の姿が見える。

図１０２〈現地人の結婚式〉は、マレー系の現地人の結婚式の様子と思われる。きらびやかな衣装に身を包んだ新郎・新婦が席についている。民族の伝統をふまえたと思われるこの結婚式の撮影には、統治要綱通り民族の習俗・慣行が尊重されていることを内外に示す意図があったのかもしれない。

図 102　現地人の結婚式 （1942/9 ～ 10 頃） 撮影：光墨弘

図 103　インド国民軍①　(1942/9 ～ 10 頃)　撮影：光墨弘

第3節●インド国民軍と反英大会

日本軍はマレー作戦に際し、インド独立連盟と協力してインド人の投降兵や住民に働きかけ、インド独立の気運を高めることを図った。インド独立連盟は本部をバンコクにおく反英結社であり、日本を含めアジア各地にその支部があった。日本軍では、藤原岩市《ふじわらいわいち》少佐率いる藤原機関（F機関）がこの工作に当たった。インド国民軍は、この工作の中、元英印軍大尉モーハン・シンが部下を連れて投降してきたのをきっかけに、シンガポールで結成された。シンガポール占領時には、インド人捕虜は六万五〇〇〇名にのぼっていたが、その中の二万五〇〇〇名がインド国民軍に参加した。その後、一九四二年六月に開かれたインド独立連盟のバンコク会議で、インド国民軍は同連盟の傘下に入ることになり、同年九月に一万五〇〇〇名をもって再編成された。

図103〜104〈インド国民軍①〜②〉は、インド国民軍の兵士たちが分列行進をするところと整列して何か叫んでいるところをとらえたものである。これらは、インド独立連盟傘下に組み込まれ、再出発したころに撮影されたのではないかと思われる。図103では上方から俯瞰して、長く続く隊列と沿道の見物人を写し込んでいる。図104の後ろに写っている建物は旧最高裁判所なので、兵士たちが並んでいるのはパダン広場であろう。

ラース・ビハーリー・ボースは、前述のバンコク会議でインド独立連盟の会長に就任し、日本に協力しながら反英独立運動を展開し

図104　インド国民軍②　(1942/9 〜 10頃)　撮影：光墨弘

図 105　演台に立つラース・ビハーリー・ボース（1942/9 ～ 10 頃）　撮影：光墨弘

図106　演台前のラース・ビハーリー・ボースら（1942/9～10頃）　撮影：光墨弘

ていた。一九四二年八月、インド政庁はイギリス撤退要求を決議した国民会議派の活動を禁止し、ガンジーら幹部を逮捕した。これを受けてインド各地でガンジー釈放・イギリス撤退要求運動が始まり、インド独立の気運が高まった。

図105〈演台に立つラース・ビハーリー・ボース〉と図106〈演台前のラース・ビハーリー・ボースら〉は、シンガポールでこのころに開かれた反英大会の際に撮影されたものではないかと思われる。図105では、演台に立つR・B・ボースの後ろにガンジーの肖像画が見える。図106では、演台の前の掲揚台のところで、旗を掲揚あるいは降下するボースらの姿がとらえられている。ボースの後ろに見える看板には、「FREEDOM」や「インドヨ　タテヨ　コノ（後は不明）」などと書かれている。この大会ではないが、写真に写るものと同じガンジーの肖像画を掲げてインド独立を訴える反英示威行進と、写真と同じ会場で開かれた大会の模様が、『日本ニュース』一一八号（一九四二年九月八日）「共栄圏反英印度人大会」で放映されている。

第2章

一九四三年

菊池俊吉・関口満紀 フィリピン取材

フィリピンは、アメリカ統治下で一九四六年の独立を約束されており、一九三五年に発足したコモンウェルス政府（独立準備政府）の下で独立の準備が進められていた。その最中にアジア・太平洋戦争が勃発し、首都マニラは四二年一月二日に日本軍によって占領された。翌三日から軍政が敷かれたが、アメリカを敵視していなかったフィリピンでは、日本に対する反感は強かった。そのため日本はフィリピンに対しては宥和的な態度をとり、名目上の「独立」を認めた。フィリピンは一九四三年一〇月一四日に「独立」したが、しかしそれはフィリピンが日本化や日本軍の圧政を免れたということを意味するわけではない。

東方社では、独立祝賀式典とフィリピンの状況を取材し、

『FRONT』「フィリピン号」を制作するため、一九四三年八月、菊池俊吉と関口満紀をフィリピンに派遣した。彼らの撮影したフィリピン関係の写真が、「東方社コレクション」「同II」に合計八四五枚ある。これらの写真の撮影者は、菊池か関口のどちらか不明なものが多いが、菊池が東方社時代の写真の内容と枚数をまとめたメモによると、フィリピン取材の写真約二〇〇〇枚が菊池に戻されているので、「東方社コレクション」「同II」に含まれているものは関口撮影のものが多いのではないかと推察される。

図107　看護婦養成学校の日本語の授業　1943/8 ～ 11

第1節●学校と関連施設

フィリピンでも日本語教育は重視されており、日本語の普及をアピールするためでもあろう、さまざまな学校での日本語の授業の様子が撮影されている。

図107〈看護婦養成学校の日本語の授業〉では、日本語の授業を受ける女子学生たちが撮影されている。日本語教育ではまずカタカナの習得が目指されており、黒板には、「ワタクシタチ　ハ　カンゴフ　デス」など、カタカナで書かれた文章が読みとれる。図108〈病室での看護〉は、『FRONT』「フィリピン号」の「NURSING　SCHOOL」の中に掲載されており、図107の看護婦養成学校と関連する病院であると思われる。広い病室は明るく、清潔な印象である。

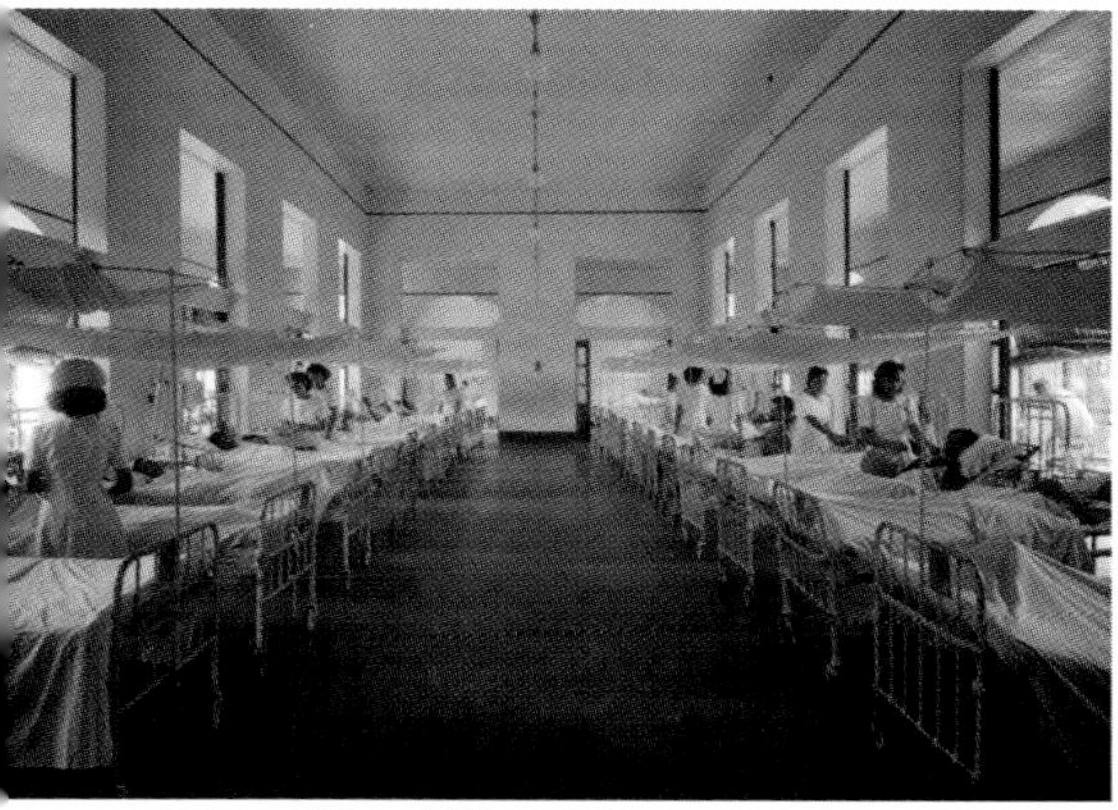

図108　病室での看護　1943/8 ～ 11

フィリピンは人口の約八割がカトリック教徒である。106頁でも述べたように、日本軍は現地の宗教に対しては基本的には尊重の方針をとっており、フィリピンでも統治の妨害にならない限りにおいて、宗教活動は人心を把握し、民心を

図109　礼拝堂で祈る女子学生たち　1943/8 ～ 11

安定させる手段として尊重され、宗教施設は保護された。日本軍の宣伝班には、報道関係者や文化人などとともに宗教関係者も徴用されており、フィリピンでは主にカトリック関係者が宗教宣撫にあたった。

図109〈礼拝堂で祈る女子学生たち〉は、『FRONT』「フィリピン号」の「WOMEN'S UNIVERSITY」の一コマに採用されている。フィリピンではアメリカ統治時代に、カトリック教団によって女子の教育機関の設立が進められた。同じ大学での日本語の授業の様子だと思われる**図110**〈女子大学の日本語の授業〉も、「フィリピン号」に掲載されている。黒板の上にはカタカナの五〇音表が貼られており、黒板の上の縁の中央には「マヅニッポンゴ」という張り紙が見える。日本政府は南方派遣日本語教員を養成して送り出していたが、フィリピンにはカトリック女子宗教部隊も派遣されて日本語教育にあたっており、これらの写真に写る女性教師たちはその隊員ではないかと思われる。**図111**〈修道女と幼児たち〉も、図109、110と同じカトリック教団の幼児施設ではないかと思われる。「フィリピン号」には、シスターの左の幼児と同じ制服を着た女子中学生の礼拝や音楽活動の様子を写した写真が掲載されている。

図 110　女子大学の日本語の授業　1943/8 ～ 11

図 111　修道女と幼児たち　1943/8 ～ 11

第2節●技術教育と治安維持

日本が現地人に対する教育で重視したのが、日本語教育と実業教育・技術教育である。日本は後者においては実務に対する技能を修得させ、日本軍に協力させることを目指していた。海員養成所はシンガポールや香港にも設けられたが、フィリピンもまた大小七〇〇〇余りの島からなる島嶼国であり、海運は物資輸送の要であった。

図112〜113〈比島海員養成所①〜②〉は、フィリピンの海員養成所の訓練の様子を撮影したものである。図112は手旗信号の訓練であり、図113では操舵や羅針盤の読み方などを習っているものと思われる。いずれも『FRONT』「フィリピン号」に掲載されており、同号では同訓練所の生徒たちについて、「技能と精神の集中的なトレーニングを積んでいる」と紹介している。

マニラ陥落後も続けられていたバターン・コレヒドールでの戦闘は、一九四二年五月七日に米比軍が降伏して終わった。しかし、投降を拒否した米比軍の将兵たちによって、米軍指揮下のゲリラ軍ユサフェゲリラが組織され、また共産党系のゲリラ組織フクバラハップも結成されていた。したがって治安の維持は日本軍にとって最大の課題であり、日本軍では、投降したフィリピン人捕虜を教育し、フィリピン警察隊（コンスタビラリー）として治安維持の一端を担わせた。

図114〈警察官訓練所の日本語の授業〉、**図115**〈警察官訓練所の野外訓練〉は、警察官訓練所の日本語の授業風景と訓練の合間の休憩の様子を写したものである。警察官訓練所の訓練生すべてが元捕虜であったわけではないが、元捕虜が多かったようである。74頁で紹介したように、南方特別留学生レオカディオ・デアシスもそのひとりであった。訓練所の教育期間は、幹部学生三カ月、巡査学生一カ月半で、指導には日本軍憲兵隊があたった。

図114では大きな教室で大勢の訓練生が授業を受けている。ここでも黒板の上にカタカナの五〇音表が貼られているが、右側の清音だけでなく、左側に濁音・半濁音・拗音の表も貼りだされている。また黒板には、「キノウ」「キョウ」「アシタ」、「センゲツ」「コンゲツ」「ライゲツ」など日付に関わる言葉が見え、日本語の基礎が教えられていたことがうかがえる。

図115の前後には銃を担いだ行進や伏射の訓練の様子などがあり、図115を含む一連の写真は、リサール公園で行われた野外訓練を撮影したものと思われる。図115の休憩の写真では、右やや奥に小銃が叉銃されており、左前の車座になっている人の中には、煙草を吸っている人もいる。また憲兵の腕章をしている人が三人見える。左後ろに見える像は、独立の英雄、ホセ・リサールを讃えるリサール・モニュメント。リサールはスペインからの独立をめざし、フィリピンの改革運動・啓蒙運動をリードした詩人・民族運動家で、一八九六年に処刑された。その処刑跡地を整備したのがリサール公園であり、モニュメントはその入口に立っている。

図112（右頁上）
比島海員養成所①　1943/8〜11

図113（右頁下）
比島海員養成所②　1943/8〜11

図 114　警察官訓練所の日本語の授業　1943/10/6　撮影：関口満紀

図 115　警察官訓練所の野外訓練　1943/10　撮影：関口満紀

図116　竹槍訓練①　1943/8 ～ 11

警察官訓練所については、『写真週報』二四一号（一九四二年一〇月七日）「猛訓練うけるマニラの警察官」で紹介されているほか、『マニラ新聞』にも「治安確保の尖兵目指し　更に百四十名入所」（一九四三年一月二七日）や「訓練所巡り（２）　新建設へ〝魂の訓練〟警官訓練所日本精神に甦る」（一九四三年六月九日）などいくつかの記事がある。『ＦＲＯＮＴ』「フィリピン号」にも、コンスタビラリーの写真が掲載されている。これらの記事では、〝警察官訓練所での精神陶冶によりアメリカ的な考えを精算した訓練生たちが、東洋民族の自覚をもって治安にあたり、新比島建設にいそしむ〟と紹介している。

図１１６～１１７〈竹槍訓練①～②〉は、現地住民の竹槍訓練を写したものである。図１１６は整列した男性たちが竹槍を突きあっている勇ましい写真だが、ぎこちなさも感じられる。図１１７では竹槍をもって整列する現地人男性たちに加え、その前で敬礼する日本軍軍人も写し込まれている。現地人最前列右端の帽子を被った男性はコンスタビラリーの将校であり、右から四番目の男性はフィリピン国旗をもっている。これを含め一連の写真から考えると、この竹槍訓練は日本軍の指導の下、コンスタビラリーも関わって行われた教練と示威行動を兼ねた行事だったのではないかと思われる。

図117　竹槍訓練②　1943/8 ～ 11

第3節●宗教と芸能・文化

図118〈キャポ教会の祭壇〉は、マニラにあるキャポ教会の祭壇を写したもので、一番上にブラックナザレ像が祀られているのが見える。一七世紀に当時スペイン領だったメキシコから渡ってきたこの〝十字架を担いだ黒いナザレのイエス像〟は、奇跡を起こす像として厚く信仰され、現在も金曜日の礼拝には多くの人が集まる。**図119**〈キャポ教会の礼拝〉は、このキャポ教会での金曜礼拝の様子で、一番奥に祭壇が見える。

図120～121〈民族舞踊①～②〉は、いずれも民族衣装を着て踊る人々を撮影したもので、図120は『FRONT』「フィリピン号」に掲載されている。これらの写真の前後には、いろいろな踊りの写真があり、同号に掲載するためにモデルたちに民族衣装を着けて踊ってもらったものと思われる。図120の男性の衣装はバロン・タガログ、女性の衣装はバリンタワクと呼ばれるもので、フィリピン人の正装である。図121の竹踊り（ティニクリン）は庶民に最も親しまれていたダンスであり、そのためであろうか、後ろに普段着の子どもたちが写っており、中には手をたたいている子どももある。こちらの女性は、キモーナというブラウスに、パタジョンという民族衣装を着用している。

大本営報道部は、フィリピンの「独立」を慶祝し、あわせて日本文化を紹介するために、作曲家山田耕筰、声楽家辻輝子、ピアニスト富永瑠璃子、木琴奏者平岡養一を慶祝音楽使節として派遣した。

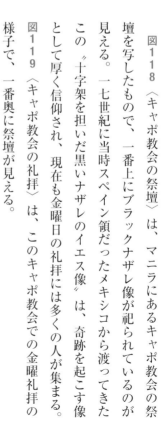

図 118（上）
キャポ教会の祭壇　1943/8 ～ 11

図 119（下）
キャポ教会の礼拝　1943/8 ～ 11

図 120　民族舞踊①　1943/8 ～ 11

図 121　民族舞踊②　1943/8 ～ 11

山田は「独立」のお祝いとして、「比島独立大行進曲」を作曲した。一九四三年一〇月二八日にマニラに到着した使節団は、一一月一四日と二〇日にメトロポリタン劇場で、二一日にはリサール球場で慶祝の音楽会を開催した。図122〈リサール球場の慶祝大音楽会〉は、リサール球場で開かれた慶祝大音楽会で指揮をする山田耕筰をとらえたもの。演奏しているのは新比島交響楽団で、山田は「比島独立大行進曲」と同じく山田作曲の「昭《しょう》和《わ》讃頌《さんしょう》」を指揮した。楽団の後ろには、多くの観客が見える。この写真の前後には、グランドで演奏するブラスバンドの写真もある。

図122　リサール球場の慶祝大音楽会　1943/11/21

第3章

東南アジア取材
大木実・林重男 ―― 一九四四年

一九四四年七月、大木実と林重男は東南アジア各地への取材に赴いた。「東方社コレクション」「同II」には、この取材で撮影されたネガが合わせて一六〇五枚（フランス領インドシナ九五五枚、シンガポール四五三枚、タイ一二八枚、場所不明六九枚）残されている。

仏領インドシナ北部やタイ北部では、既に一九四三年からアメリカ軍による空襲を受けており、戦況が悪化する中でのこの取材の目的は定かではない。しかし写真の内容からすると、占領地統治の成功を伝える写真の撮影が主眼であったように思われる。この取材の写真はほとんど使われることなく、死蔵されてしまったようだが、東南アジア各地で、現地住民が明朗な生活を送りながら、戦争協力に励んでいることをアピールするような宣伝物を作ろうとしていたのではないかと推察される。

第1節 ● フランス領インドシナ

フランス領インドシナ、現在のベトナム・カンボジア・ラオスは、日本軍の一九四〇年九月の北部仏印進駐、翌四一年七月の南部仏印進駐により、日本とフランス植民地政庁の共同統治の下におかれていた。同地で撮影された写真は、多様な民族の平穏な暮らしぶりをとらえたものが多い。

ベトナムやカンボジアは仏教徒が一番多いが多宗教の国で、新興宗教もいくつかある。**図123**〈カオダイ教の建物〉に写る建物の正面には、「天道學堂」とフランス語で「カオダイ教の哲学・瞑想・宗教に関する施設」と書かれている。その上には、カオダイ（高台）教の正式名である高台大道三期普度が、前後ふたつに分けて書かれていると思われる。カオダイ教は一九二〇年代に生まれた新興宗教で、三教（儒・仏・道）同源の思想やキリスト教、イスラム教などが混交されている。写真に写る建物には、教義である「五枝合一」などの字も見える。

図124〈チョロン付近の野外掲示板〉は、サイゴン市（現ホーチミン市）にある中華街チョロン付近で撮影されたものと思われる。左側二面には、日本映画『奴隷船　マリア・ルーズ号事件』（大映、一九四三年）のポスターやスチール写真が貼られている。日本は日本精神や日本文化を知らせる文化工作の一環として、劇映画や文化

図123　カオダイ教の建物　1944/7 ～ 12　撮影：大木実

映画を利用していた。『奴隷船』は、横浜に寄港した汽船マリア・ルーズ号に中国人奴隷が乗せられていることを知った神奈川県令大《おお》江《え》卓《たく》が彼らを解放するという、明治五年に起こった史実をもとに作られた劇映画で、英米の圧迫や妨害をはねのけて中国人奴隷の解放に力を尽くす大江役を市川右太衛門が演じた。欧米の暴虐から中国人を救う〝正義日本〟を描き出したこの映画は、一九四三年の対外宣伝映画三〇本の中のひとつとして、南方各地で上映された。『奴隷船』の右には、ベトナム語で「日本語を学ぼう」と書かれたポスターが貼られており、「トリカゴ」の下には鳥の名前が、上には関連する絵が描かれている。ベトナムでも日本語の普及が進められていたことが見てとれるが、掲示板の前の人々は映画の宣伝物や右端の写真の方を見ており、日本語よりもそちらに関心をもっていたこともうかがえる。

図125〈サイゴン市の馬車乗り場〉は、サイゴン市中心部の、おそらくベンタイン市場前のバスターミナル付近にあった馬車乗り場を写したものと思われる。馬車が並ぶ後ろには、フランス・ヴィシー政府首相のペタン元帥の肖像画を描いた看板がかけられている。肖像画の下には、フランス語で「唯一の指導者：ペタン、唯一の義務：服従、唯一のモットー：奉仕」と書かれている。

図126〈ハノイ駅と駅前の通り〉では、ハノイ駅とその前の大通りの様子を撮影している。フランスは一九世紀末〜二〇世紀初頭にベトナムの近代化を進め始めた。そのころ建造されたハノイ駅は写真のように豪奢な建物であったが、ベトナム戦争中に中央部分が爆撃で倒壊した。現在はその部分が建て直され、残った左右とつなげられているらしい。ハノイ駅にも図125に写っているものと同じペタン元帥の看板がかけられている。

ベトナム最後の王朝、阮朝の都であったフエは、南北に長いベトナムのほぼ中央に位置する。フエで撮影された写真の多くは阮朝の帝廟であるが、**図127**〈フエの現地人学校〉は、バスケットボールをする青年たちを撮影している。

カンボジアで撮られた写真は少ないが、**図128**〈カンボジアの田植〉は、水田で田植えをするカンボジアの人びとを撮影したものである。虎と闘う男性の絵が描かれている野立看板は、薬品会社の広告と思われる。

図 124　チョロン付近の野外掲示板　1944/7 ～ 12　撮影：林重男

図 125　サイゴン市の馬車乗り場　1944/7 ～ 12　撮影：林重男

図 126　ハノイ駅と駅前の通り　1944/7 ～ 12　撮影：林重男

図 127　フエの現地人学校　1944/7 ～ 12　撮影：林重男

図 128　カンボジアの田植　1944/7 ～ 12　撮影：林重男

第2節●シンガポール

図129〜130〈シンガポールの街並①〜②〉は、シンガポール市の中心地区を高所から撮影したもので、若干ずれているが、二枚の写真をつなぎ合わせた。中央の丸屋根のある大きな建物は、現在の国立博物館。フォートカニングの丘を背にして立つ同博物館は、ビクトリア女王の即位五〇年を記念して、一八八七年にラッフルズ博物館として竣工した。日本軍政下では、昭南博物館と称された。101頁で述べたようにビクトリア記念館前のラッフルズ像は、日本軍政期にはこの博物館に保管されていた。博物館の手前が、憲兵隊東支部が入っていた旧YMCA、その後ろが弾薬庫にされていたというウェズリー・メソジスト教会。左端に見えるふたつの聖堂は、左がグッド・シェパード教会、右が現在は商業施設になっているチャイムスの大聖堂と思われる。その右側、国立博物館の左奥に見える尖塔のある建物が聖アンドリュース教会で、さらにその右側の黒い丸屋根の建物が旧最高裁判所であろう。それらの向こうにマリーナベイと対岸を望む。

アジア・太平洋戦争開戦時、シンガポール在住の日本人はイギリス官憲に拘束され、新嘉坡《しんがぽーる》日本小学校も閉鎖された。日本占領後、同校は一九四二年一〇月頃に昭南特別市第一国民学校として再開された。図131〈昭南第一国民学校の避難訓練〉は、同校で行われた避難訓練を撮影したものと思われる。空襲に備えての避難訓練であろう、児童たちは耳を押さえて壕の中に屈んでおり、中央奥の

図129（右頁）
シンガポールの街並①
1944/7 ～ 12
撮影：林重男

図130（左頁）
シンガポールの街並②
1944/7 ～ 12
撮影：林重男

男性が注意か指示を出している。手前には軍人がひとり立っており、右手には訓練の様子を見守る大勢の大人たちが見える。同校では当時、マレー地方の模範学校として手本になるために、校長以下学校をあげて避難訓練や体力づくり、食糧増産に努めていたという。右手に写る人々は、避難訓練の視察か参観にきたのではないかと思われる。

日本人の「国民学校」に対し、現地人の初等教育機関は「普通公学校」と称された。前述のように民族別統治方針の下で、マレー人は優遇され、多くの学校が比較的早期に再開されたが、一九四四年に入ると初等教育における日本化が厳しく要求されるようになっていたという。図132〈マレー人男子児童の体操〉は、マレー人の児童が通う普通公学校で撮影されたものと思われる。体操は体力づくりの基礎として日本でも重視されていたが、現地人たちの上半身裸での日本式の体操には、体力づくりと日本化の両方の意味があったと思われる。この学校では、ほかに児童たちの騎馬戦や畑作業などが撮影されており、これらの写真からは、占領地の子どもたちが、国内の子どもたち同様、戦争に備えて体を鍛えたり、食糧の増産に駆り出されたりしていた上、日本化教育の強い圧力の下におかれていたことがうかがえる。

図133～134〈興亜学院①～②〉は、興亜学院の生徒たちの行進と相撲を撮影したものである。シンガポールの軍政監部では、指導者となる現地人官吏を育成するため、一九四二年五月に昭南興亜訓練所を開設し、その後、マラッカとスマトラにも興亜訓練所を作った。しかし、昭南興亜訓練所は施設の統一を理由に、翌四三年

図 131　昭南第一国民学校の避難訓練　1944/7 ～ 12　撮影：林重男

七月八日に閉鎖された。興亜学院は軍政監部直轄の教育機関ではなく、そのため か資料があまり残っていないのだが、馬来軍政監部文教科作成の「マライ教育通覧」（一九四四年五月）によれば、興亜学院は昭南興亜訓練所の閉鎖と同じ日に開設されており、昭南興亜訓練所に代る青年教育機関として設立されたのではないかと思われる。またこれによれば、興亜学院の教育期間は、錬成科三カ月、本科六カ月であった。

図１３３の写真では、左右の門に「興亜學院」と「岡第一六一五部隊」の看板がかけられており、興亜学院が岡第一六一五部隊（第七方面軍司令部）の下にあったことがうかがえる。図１３４の相撲の写真からは、さまざまな民族の青年たちが同学院に在籍していたことが見てとれる。相撲のほかには、体操や敬礼の練習、鶏舎の掃除をするところなどが撮影されている。興亜訓練所でも相撲や剣道など日本発祥の尚武的な運動は重視されていたという。興亜学院の教育方針は明らかではないが、写真から推測すれば、興亜学院も興亜訓練所同様、あるいはそれ以上に日本化・軍隊化が重視されていたのではないかと思われる。しかし明石陽至によれば、興亜訓練所の訓練生たちは、日本人教官や教育方針への批判ももってはいたものの、自己規律、独立独行、自己犠牲や「頑張りの精神」を体得する上で、興亜訓練所での訓練は有効な手段であったと認めているという（「興亜訓練所と南方特別留学生」早稲田大学社会科学研究所インドネシア研究部会編『インドネシア』早稲田大学出版部、一九七九年、五三頁）。南方特別留学生を含め、日本軍や日本の教育機関による教育・訓練を受けた青年たちの中には、戦後、それぞれの国の独立

図132　マレー人男子児童の体操　1944/7～12　撮影：林重男

や発展に貢献した人も少なくない。彼らが日本の教育・訓練により、さまざまなことを学び、精神を鍛え、彼らの戦後の活躍の礎を作ったのは事実であろう。しかしながらそれは、彼ら自身が日本軍の目先の思惑を超えて自己を磨いたからこその結果ではなかったかと思う。

図135〈市民運動会〉は、シンガポールの市民が参加した運動会の一コマである。ゴールテープを切るマレー系と思われる男性の後ろから、ターバンを巻いた男性が走ってきている。この運動会の詳細は不明だが、食糧不足や厳しい日本化要求など戦争の重圧が増す中で、民心安定のためのレクリエーションとして開催されたのではないかと思われる。

111頁でとりあげたインド国民軍は、一九四三年一〇月二一日のインド独立連盟代表者大会で自由インド仮政府が結成されると、同政府の軍隊となった。このとき指導者もラース・ビハーリー・ボースからスバス・チャンドラ・ボースに交代し、自由インド仮政府の首班となったチャンドラ・ボースが、インド国民軍を率いることとなった。図136～137〈インド国民軍結成記念式①～②〉は、おそらくその一周年を記念した閲兵式ではないかと思われる。第1章の一九四二年の写真では徒歩行進だけであったが、図136では荷台に兵士を乗せたトラックが、図137では敬礼をする兵士を乗せた装甲車が、日印の軍人たちの前を進んでいく。またトラックにも、装甲車にも、閲兵台の前にも、インド国旗が掲げられている。第1章のインド国民軍や反英大会のシリーズの中にも、インドの三色紡車旗が写っている写真はあるが、同旗は自由インド

図 133　興亜学院①　1944/7 ~ 12　撮影：林重男

図 134　興亜学院②　1944/7 ~ 12　撮影：林重男

図 135　市民運動会　1944/7 ～ 12　撮影：林重男

仮政府の樹立とともに国旗として制定された。図137の後ろに写る建物は何かの宿舎だろうか、その中や周辺で見物している人も見える。

しかしインド国民軍はこのころ大きなダメージを受けていた。インド国民軍は、一九四四年三月から日本陸軍とともにインパール作戦に参加し、英印軍に対する投降工作などを担った。同作戦はイギリスのビルマ（現ミャンマー）奪還のための反攻拠点であるインパールを攻略するとともに、インドの反英独立気運を高めてイギリスをインドから撤退させることを狙ったものだったが、英軍の強力な反撃と補給の不足により、同年七月に中止された。周知の如く、雨期の峻嶮な山岳地帯を敗走する中で多くの犠牲者が出た。

前述のNHKBSスペシャル「2万枚のネガに刻まれた戦争」の中で、元インド国民軍兵士だった男性は、日本軍は恐怖による支配を断行し、とても恐ろしかったが、一方でインド独立の闘争心をかきたてて、彼らの覚醒を促したと話している。彼の証言からは、インド国民軍の兵士たちにとっても、日本軍は二重の意味をもっていたことがうかがえる。インド国民軍はインド独立の悲願を体現するものであり、兵士たちは日本軍の思惑を超えて、独立の自覚を深め、力をつけていった。インド国民軍は日印のさまざまな思いが絡まる中で揺れ動いたが、日本軍とインド国民軍の共闘は、終戦二年後に実現する「インドの独立達成に大きく貢献した」（丸山静雄『インド国民軍』岩波新書、一九八五年、一七九頁）という指摘もあるように、インド独立の礎のひとつとはなったのであろう。

図 136（左頁下）
インド国民軍結成記念式①
1944/7 ～ 12
撮影：林重男

図 137（右頁上）
インド国民軍結成記念式②
1944/7 ～ 12
撮影：林重男

図 138　動物園のサル　1944/7 ～ 12　撮影：林重男

第3節●タイ

タイは東南アジアで唯一欧米の植民地化を免れた独立国であり、アジア・太平洋戦争期には日タイ同盟条約（一九四一年一二月二一日）を結んで日本の同盟国となっていた。

図138〈動物園のサル〉は、タイの首都バンコクにあるドゥシット動物園でテナガザルとその撮影をするカメラマンを写したもの。軍属の服装の後姿のカメラマンは、大木実と思われる。

タイ北部は一九四三年秋から米空軍による空襲を受けていたようだが、四四年一月にはバンコクも空襲を受けるようになっていた。図139〈空襲被害の跡〉は、バンコク市内の空襲を受けた建物を撮影している。大きく破壊された建物の前の道路を輪タクと、荷台にドラム缶と日本軍兵士を乗せたトラックが走っている。

図140〜142〈街頭ポスター展①〜③〉は、いずれもバンコクで開かれた街頭ポスター展の様子を写したものである。図140と図142は同じ会場で、後ろの建物は学校と思われる。図141は異なる会場で、このシリーズの別の写真では後ろに寺院が写っている。どちらの会場にも、現地人が大勢見物に集まっているが、裸足の人も結構ある。

図140は劣化して退色しているが、ブローニー判のカラーフィルムを使用した写真であり、左から二番目のポスターにはタイ語で上部に「我々は　共に戦い　そして守る」、下部に「タイが斬り　日本が撃つ　アジアのために」などと書かれている。図

図139　空襲被害の跡　1944/7〜12　撮影：大木実

１４１では日本軍の軍人がポスターに何かを貼りつけている様子がとらえられているが、そのポスターにはタイ語で「みんなの思いをひとつに」と書かれている。その左隣のポスターは一部分見えないが、「アジアを保護せよ」と書かれており、後ろのパネルの右側のポスターには「アメリカのやつらの崩壊」などの文字が見える。ほかにはタイ空軍の募兵のポスターなどもあった。これらの写真は、日本軍がタイでも戦争遂行のために協力をよびかける宣伝活動を行なっていたことを示すものであり、その実態を伝える貴重な資料であるといえよう。

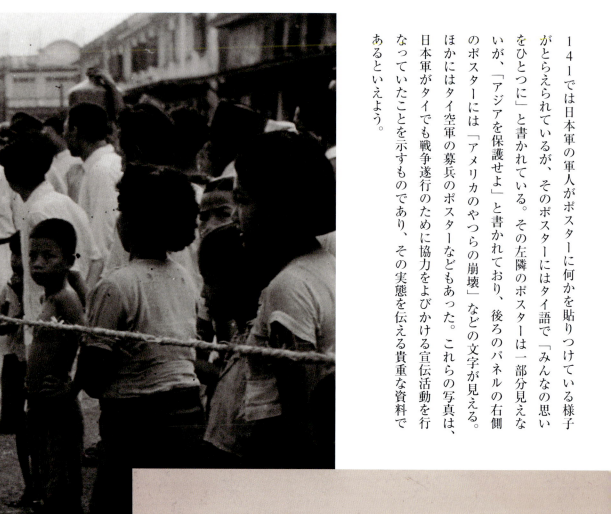

図 140（右頁）
街頭ポスター展①　1944/7 ～ 12

図 141（左頁）
街頭ポスター展②　1944/7 ～ 12　撮影：（林重男）

図 142　街頭ポスター展③　1944/7 ～ 12　撮影：(林重男)

参考図版③-1　今泉武治の1942年と1943年の日記帳　立命館大学人文科学研究所「今泉武治文庫」蔵

Column 3

今泉武治の日記

東方社の美術部員であった今泉《いまいずみ》武治《たけじ》は、明治大学商学部を卒業して森永製菓の広告部に入社（一九三〇年）した、当時としては異色のグラフィックデザイナーであった。今泉は、東方社の美術部長を務めた原《はら》弘《ひろむ》と同じく、一九三〇年代初頭から手で描くよりも写真を利用することに関心をもち、レイアウトで見せる広告の研究をしていた。ただ今泉の場合、ドイツやソ連の構成主義よりもむしろアメリカの商業広告の理論としてのレイアウトに興味をもち、レイアウトを画面構成の技術から制作全体の構成論あるいは組織論に応用・拡大していったところに、原らと異なる独自な受容がある。ちなみに原は、一九二一年に東京府立工芸学校（現東京都立工芸高等学校）製版印刷科を卒業した後、同校で教鞭をとりながら、グラフィックデザイナーとしても活動していた。

日中戦争が長期化し、製菓の広告が減少する中、今泉は同僚の文案家新井静一郎や、製菓と同じく広告がやりづらくなっていた資生堂のイラストレーター山名《やまな》文夫《あやお》らとともに、一九四〇年一一月に報道技術研究会をたちあげた。原も報研のメンバーに名を連ねている。報研では彼らの技術を国策宣伝に生かすべく、情報局や大政翼賛会宣伝部などに働きかけた。そして、それら公的機関の企画を中心に、国内向けのさまざまな宣伝物や展覧会を手がけていった。

今泉は一九四二年一月末、原に頼まれて東方社の仕事を手伝う。当初はソ連向けの謀略宣伝物の制作を依頼されており、調査部関係の仕事だったのではないかと思われる。そして二月二七日に入社を打診され、「仕事の面白いこと意義のあることは全くこちらの望むところだ。…（中略）…入社すれば大いに張り切れる」と日記に記している。このころ今泉は体調が優れず、森永は休職していたが、森永製菓広告課は四一年八月に廃止になっており、戻ってもやりがいのある仕事があるわけではなかった。したがって今泉にとって東方社は、生活を安定させるとともに、腕も生かすことのできる格好の職場であったと思われる。**参考図版③-1**は今泉の日記帳、**③-2**は東方社に入社した四二年四月一日の頁であり、「東方社に入社。」と欄外に書かれている。

なお今泉が所属した美術部には、原弘美術部長の下、原の教え子である多川精一と村田道紀、今泉によれば東京高等工芸学校（現千葉大学工学部）出身の蓮池順太郎、エアーブラシの名人といわれた小川寅次、女子美術専門学校（現女子美術大学）出身の宇佐美リツがいた。蓮池は報道技術研究会にも参加している。

今泉は入社以降、一九四三年一〇月に嘱託に降格になるまで、東方社の業務について、マメに日記に記している。理論好きでもあり、勉強家でもあった今泉は、編集会議にも出席し、いろいろ意見も述べている。『ＦＲＯＮＴ復刻版　解説Ⅱ』（平凡社、一九九〇年）所収今泉武治「『日記』一九四二―四三」には、一部割愛されているところもあるものの、今泉の日記の東方社関係の主要部分が収録されている。東方社自体の業務日誌の類が存在しない中で、今泉の日記は東方社の業務内容や議論の中身、東方社に出入りしていた人たち、今泉の近くの人たちに限られるが、社員たちの考え方や人柄などが知れる貴重な資料となっている。

今泉は『ＦＲＯＮＴ』については「空軍号」しか担当していないが、日記には前述のソ連向けのパンフレット、米軍向けの伝単、中国向けや南方向けの写真宣伝物などに加えて、陸軍航空本部から依頼されたパンフレットや少年飛行兵の募集広告なども制作していたことが記されている。また実際には刊行に至らなかったものの、『ＦＲＯＮＴ』としてどのようなテーマが編集会議であげられていたのか、その参考にするためにどんな人から話を聞いていたのかなども知ることができる。**参考図版③-3**は、今泉が所蔵していた『ＦＲＯＮＴ』「空軍号」の日本語版であり、これをもとに各国語版に訳されていったものと思われる。**参考図版③-4**は中国向けの宣伝物で、裏に「宣中3-11検閲中　18．8月」の書き込みがある。「18．8月」は昭和一八年八月の意であろう。

今泉は東方社に多少不満を持っていたが、仕事にやりがいを感じていたことは間違いない。しかし一九四三年一〇月、参謀本部からの減員命令により、嘱託になることを余儀なくされた。報研にもそれなりに仕事があり、

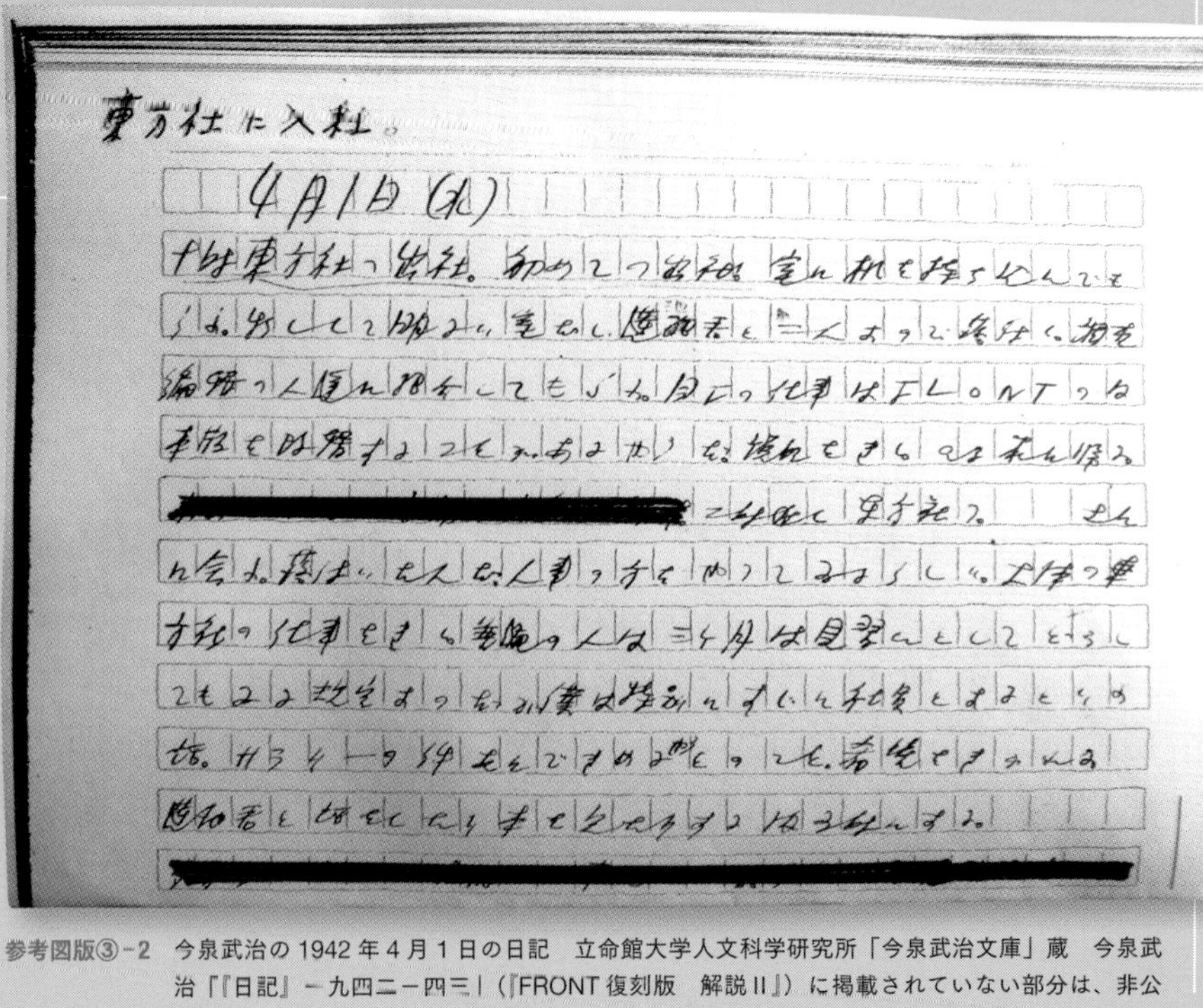

参考図版③-2　今泉武治の1942年4月1日の日記　立命館大学人文科学研究所「今泉武治文庫」蔵　今泉武治「『日記』一九四二―四三」（『FRONT 復刻版　解説Ⅱ』）に掲載されていない部分は、非公開とした。

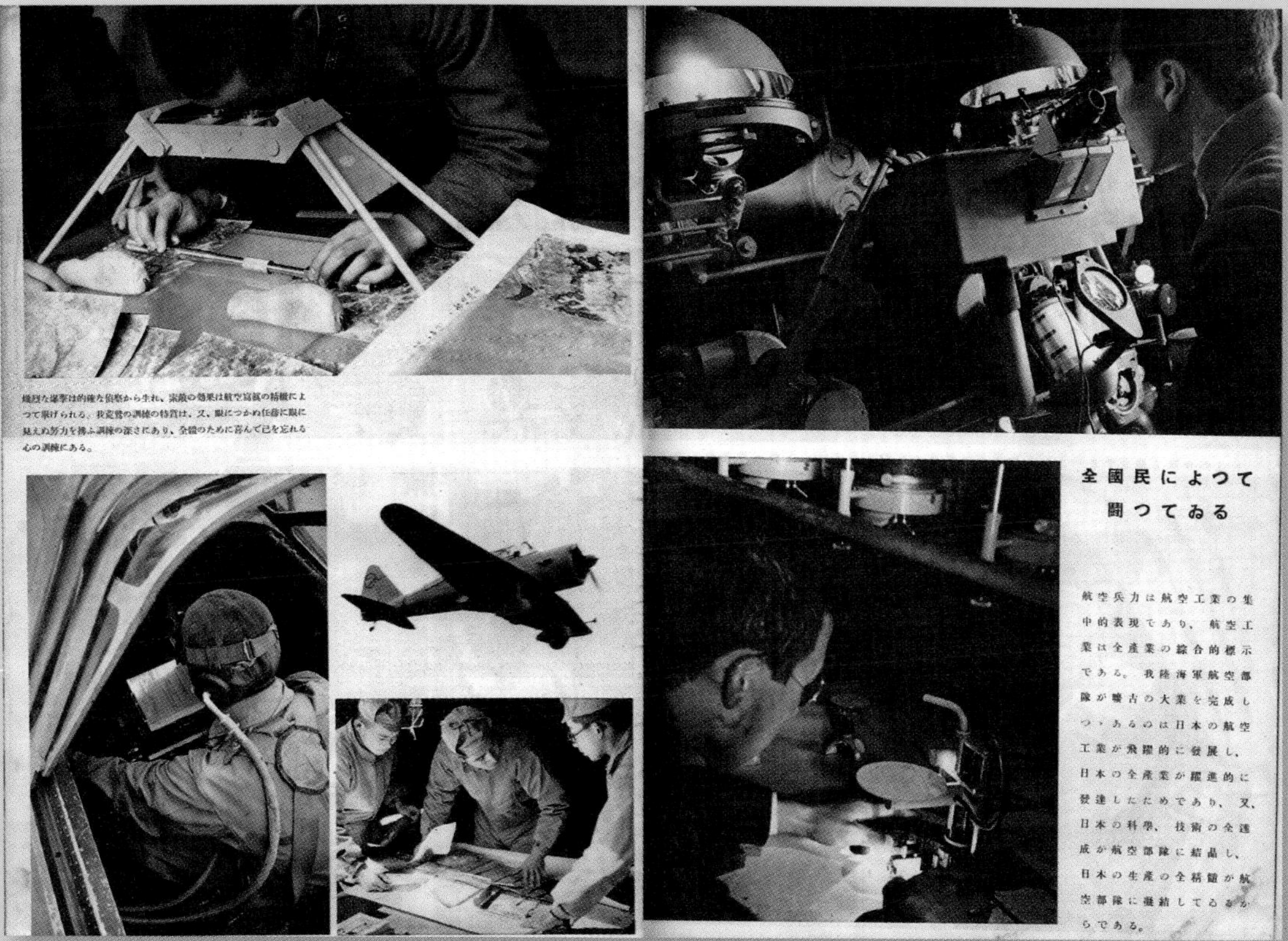

参考図版③-3　『FRONT』「空軍号」日本語版　立命館大学人文科学研究所「今泉武治文庫」蔵

参考図版③-4　中国向け宣伝物と裏書　立命館大学人文科学研究所「今泉武治文庫」蔵

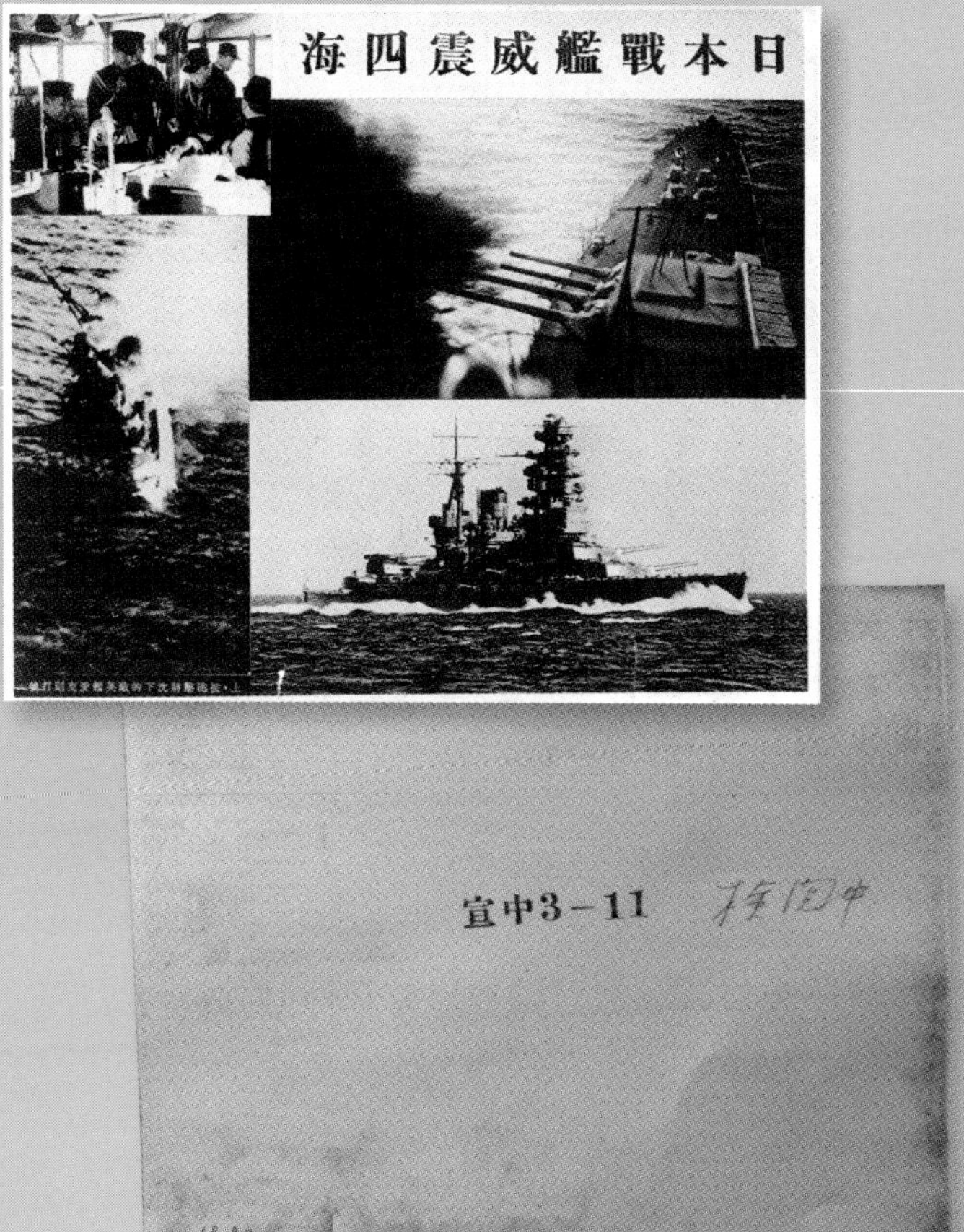

気胸療法を続ける身であった今泉は、それを受け入れ、以後、復職を願いながらも東方社とは疎遠になっていく。そして四四年二月に無給の嘱託になることを打診され、結局、退社した。

今泉も濱谷同様、不本意な形で東方社を去ることになった。皮肉といえば皮肉だが、彼らの資料が、東方社前半期の業務を知る貴重な手がかりとなっている。

Column 4

震天隊隊長青木哲郎のアルバム

参考図版④-1を見ていただきたい。操縦席で微笑む青年は青木哲郎少尉。当時二一歳。B29に体当たり攻撃をするために結成された特攻隊、飛行第53戦隊第3震《しん》天《てん》制空隊の隊長であった。写真は東方社の林重男が一九四五年一月二七日に撮影した。

金沢高等工業学校（現金沢大学工学部）を繰り上げ卒業となった青木は、一九四三年一〇月一日、特別操縦見習士官として熊谷陸軍飛行学校桶川分校に入校した。翌四四年七月に飛行第53戦隊に配属となり、同年一一月八日に同隊の特別攻撃隊の隊長に任命された。当時飛行第53戦隊は夜間戦専任の戦闘隊で、当時は千葉県の松戸飛行場を基地として、普通戦闘隊三隊と特攻隊の第3震天隊で編成されていた。彼ら「ふくろう部隊」は原則、昼間は休み、夜、二式複座戦闘機・屠龍に乗って、来襲したB29に向かっていった。

写真を趣味としていた青木は、戦後に整理したものも含めて、戦時中のアルバムを四冊

参考図版④-1　青木のアルバムより操縦席の青木哲郎　個人蔵

残している。戦友や報道機関が青木を写したものや青木自身が撮影したものなどとともに、東方社の写真がその中の三冊にアトランダムに一四枚貼られており、そのうち一二枚の写真のネガが「東方社コレクションⅡ」に含まれている。写真の裏に東方社写真部の印やネガ番号のメモがあるものがあり、おそらく東方社で焼いた写真が、飛行第53戦隊に渡されたものと思われる。青木のアルバムに貼られた東方社の写真の中には、青木自身の写真のほかに、青木の戦友だけが写っているものや、青木以外の飛行兵たちの編隊飛行の写真などもある。

　青木は日記もつけていたが、アルバムにも多くの書き込みを残している。参考図版④-2の写真の上には、「一月二十七日／対外宣伝雑誌〝フロント〟の宣伝写真のエキストラーたる我／注文が仲々難しく、〝あちらを向いて下さい〟〝笑って〟〝目をもっと上方に〟〝ごく自然の儘で〟／戦友大神少尉が、向ふの方でニヤニヤ笑ひながら、〝どうだ貴様、B公にブツカルより難しいだらう〟」（／は改行）と記されており、林にいろいろと注文をつけられていた様子がわかる。『FRONT』のための撮影とは考えにくいが、『FRONT』というのが通りがよかったのであろう。現在までの調査では、青木のアルバムは、東方社関係者以外で東方社のカメラマンに撮影された人が写真を残している唯一の例で、撮影の様子などが知れる貴重な資料である。

　図④-1、図④-2、参考図版④-3も同日に撮影されたもので、図④-1は搭乗の準備をする飛行兵たちであり、図④-2は搭乗前に指示を聞く飛行兵たちと思われる。図④-2の左から二番目が、青木が最も信頼をおいていた戦友・大神祐彦少尉である。参考図版④-3は、おそらく林の要請を受け、屠龍の前で「手柄話シ」をする青木と大神。

　アルバムの書き込みには、写真の貼付と同時に書かれたものもあれば、後から追記した

参考図版④-2　青木のアルバムより青木哲郎のポートレート　個人蔵

と思われるところもあるが、亡くなった部下や戦友たちが写る写真のそばには、それぞれの最期や彼らの人柄、彼らに寄せる青木の思いが綴られており、彼らの人柄とともに青木の人柄がしのばれる。また当時の青木の心境なども書き込まれており、胸を打つ。その中に、この写真が撮られた一月下旬の頃のこととして、次のような記述がある。

「一月下旬、既に数度の戦斗に逐次俺の気持も落着いてきた。事実、弾丸一発持たず、唯々体当りもてB-29を撃墜せよとの命を受け、一日々々を最後と思ひ、それ丈に絶対の立場に於て、苦しめる丈苦しい修養をした。そして俺の様な凡人が「死生観」に徹するには、一時は食も進まず、仲々ねつかれず、体重は二貫目位も減少した。然し、悟り切れぬ中にも心の満足が得られたのであらうか、一月下旬に到る間の体当り攻撃と弾雨の下を潜った肉体が精神が、いつの間にか「死生観」に対する満足すべき心の余裕を与へてくれた。」

ここに写されている笑顔は、「苦しい修養」の後、ようやく取り戻した笑顔だったのだろ

図④-1　搭乗の準備をする飛行第53戦隊隊員　1945/1/27　撮影：林重男

うか。しかし青木は、この後もさらに苦しい思いをすることになる。戦闘にもならず犠牲ばかりが多い無謀な作戦の中、第3震天隊に配属されたのべ一一名の特攻隊員のうち、八名が戦死した。白石良『特攻隊長のアルバム』(元就出版社、二〇一七年)によれば、青木も何度も死を覚悟して屠龍に乗り込むが、

図④-2　訓示を聞く飛行第53戦隊隊員　1945/1/27　撮影；林重男

乱気流に巻き込まれて操縦不能になったり、燃料切れや圧倒的に不利な状況でやむなく攻撃を断念したりしていた。その青木に戦隊長があびせかけた言葉は、「青木、まだ貴様は生きていたのか」(同書、一三七頁)。

一九四五年五月初旬ごろ、震天隊は解散となり、青木は一般編成に戻された。慙愧の念

を抱える青木は、部下の後を追うべく沖縄への特攻隊を希望したが、六月、朝鮮の第53航空師団へ配属になった。同師団では次の特攻要員となる初心者たちへの操縦訓練を行える者がおらず、熊谷飛行学校桶川分校入校以来わずか一年八カ月で、実戦豊富なベテランパイロットに仕立て上げられていた青木が、その任を受け持たされたという。青木は自ら出撃するつもりで渡鮮したが、指導者が枯渇する中、次の特攻要員たちを育成することが最後の役目となった。

朝鮮への赴任の途次、富山県の実家に寄ることができた青木は、「故郷の土に立ってみると、〝これが最後だ〟と云ふ気持ちを両親、兄弟の前に幾らかくして楽しく笑っても、心は断腸の思ひである」（一九四五年六月一九日）と記している。見送る家族もまた「断腸の思ひ」だったのではあるまいか。どれだけの青年が、青木と同じように「断腸の思ひ」で家族と離れ、兵営に赴いたのだろうか。そしてどれだけの人が、彼らを「断腸の思ひ」で見送ったのか。

参考図版④-4は戦後に整理されたと思われ

参考図版④-3　青木のアルバムより屠龍の前で話をする青木哲郎と大神祐彦　個人蔵

るものだが、亡くなった部下の名前に「故」とつけていった青木の心中は察するに余りある。青木は「一人生きているということはつらいことです」（原田良次『帝都防空戦記』図書出版社、一九八一年、二一二頁）と話している。戦後、青木は自らの名前を「哲朗」と書くことを好んで使ったという。「朗」の字には、〝朗らかに生きよ〟という自分自身への励ましとともに、世の中の人々が朗らかに生きられるようにという願いがこめられていたのではないかと私には思われる。

青木は生前、家族に「二度と戦争はしてはならない」と話していたという。撮影者の林重男は、敗戦直後、広島と長崎の原爆被害の写真を撮影した。そして一九八二年に「反核・写真運動」が結成されると、その主要メンバーとなって写真家たちの反核運動を牽引し、平和運動に晩年を費やした。青木と林が戦後会うことはなかった。しかし、「二度と戦争はしてはならない」という気持では、つながっていたのではないかと思う。青木と林の体験と願いの重みを、私たちは忘れてはいけないのではないだろうか。

参考図版④-4　青木のアルバムより第４次第３震天隊　個人蔵

第3部 中国編

第1章

華北地方取材

林重男――一九四三年

一九三七年七月七日の日中全面戦争勃発後まもなく日本は北京を制圧し、一二月には王克敏《おうこくびん》を中心にした対日協力政権である中華民国臨時政府を樹立した。一九四〇年三月、南京で汪《おう》兆銘《ちょうめい》が中華民国国民政府（以下南京国民政府）を立ち上げると、臨時政府は華北政務委員会に改組して、南京国民政府の一部となった。同委員会委員長には王克敏が就任し、高度な自治権をもつ同委員会が引き続き華北地方の統治にあたったが、いずれにせよ実質的な支配権は北支那方面軍が握っていた。

華北地方は、綿花や小麦などの農産物に加え、石炭や鉄、銅などの鉱山資源も豊富であり、日本は一九三〇年代前半からその資源開発に食指を動かしていた。日中全面戦争勃発後は北支那開発株式会社（一九三八年一一月設立）を中心に、それらの資源を日本の手中に収めていった。アジア・太平洋戦争開戦後、南京国民政府は紆余曲折を経て一九四三年一月九日に米英に宣戦布告し、戦争遂行のために日本に協力することを発表する。このころ戦局は悪化してきており、日本は華北資源への依存をさらに強めていた。

林重男は一九四三年夏、『FRONT』「華北建設号」の取材のため、木村伊兵衛とともに中国に赴いた。同号では、〝対米英戦争を戦うために、華北は兵站基地として再建設されなければならない〟とうたい、鉱山、製鉄、製塩、農業などさまざまな産業をとりあげている。そのほかに青少年たちの活動や現地軍関係の写真も掲載されている。「東方社コレクションII」には、この取材で林が撮影したネガ二五七八点がある。

第1節●産業と労働

前述のように『FRONT』「華北建設号」の中心テーマは、華北の資源開発と産業であり、それに関わる写真が多く残されている。**図143**〈養蜂〉は、昌黎《しょうれい》農場果樹園で蜜蜂の巣箱を取り出している男性を撮影したものである。同農場では、葡萄を収穫する若い女性やさまざまな果物の樹や実なども撮影されている。**図144**〈トウモロコシ畑〉は、トウモロコシを収穫する少女たちをとらえたもの。トウモロコシは華北の主要な食糧のひとつであり、特に河北省で多く栽培されていた。

図145〈塩田〉は天津の長蘆《ちょうろ》塩場で働く男性たちを撮影したもので、後ろに見えるのは野積みされた塩の山。塩は食料としてだけでなく、化学工業の原料としても大きな需要があり、華北の塩は日本にとって重要な産物であった。一九四三年二月、当時の賀屋興宣《かやおきのり》大蔵大臣は、「長蘆塩の精塩は年産五百万トンは可能であるから塩の需給は心配ないと、国会で答弁している（『朝日新聞』一九四三年二月二〇日朝刊「塩の需給万全」）。「華北建設号」ではこの長蘆塩場の壮大さを六枚続きのパノラマ写真で表現するなど、製塩に四頁を割いている。

図143　養蜂　1943/7 ～ 10 頃　撮影：林重男

図145　塩田　1943/7 ～ 10頃　撮影：林重男

図146〈石景山製鉄所〉は、北京郊外にあった石景山製鉄所の写真である。もっこをかついで何かを運ぶふたりの労働者の後ろには、製鉄所の設備がそびえたっている。また貨車には華北交通株式会社のロゴマークが見える。華北交通は南満洲鉄道株式会社（満鉄）の流れをくむ中国特殊法人で、一九三九年四月に発足した。同社では鉄道、自動車交通、水運の運輸事業を経営するほか、グラフ雑誌の刊行など広報事業も手がけていた。一九三八年に日本製鉄株式会社の支援を受けて創業した石景山製鉄所は、四二年一二月に北支那製鉄株式会社が設立されたことにともなって、軍の管理から同社の経営に移った。日本はこのように軍や特殊会社を通じて、華北への経済支配を行なっていたのである。

図147〈煙草工場〉は煙草の箱詰作業をする女性をとらえたもの。このシリーズでは、煙草製造に関わるさまざまな作業の写真が撮影されているが、この工場の詳細については不明。図148〈紡織工場〉は紡織工場の機械と女子工員を撮影したもの。この工場についても詳細は不明だが、一連の写真からは、機械化の進んだ大規模工場であることが読みとれる。

図 144　トウモロコシ畑　1943/7 ～ 10 頃　撮影：林重男

図 146　石景山製鉄所　1943/7 ～ 10 頃　撮影：林重男

図 147　煙草工場　1943/7 ～ 10 頃　撮影：林重男

図 148　紡織工場　1943/7 ～ 10 頃　撮影：林重男

第2節●北京の学校と通り

『ＦＲＯＮＴ』「華北建設号」では、北京の各種学校や訓練所、青少年たちの活動も掲載しており、本節でとりあげる写真や類似した写真も同号に利用されている。

図149〈北京土木工程専科学校の授業風景〉は、同校の製図の授業を撮影したもので、『ＦＲＯＮＴ』「華北建設号」にも掲載されている。**図150**〈北京聖心女子中学校の防空訓練〉は、同校で行われた防空訓練の一コマである。この写真の前後には、「救火系」と書いたタスキをかけた生徒たちが整列しているところや、「救護系」と書いたタスキをかけた生徒たちが負傷者の手当てをする様子が撮影されているので、生徒たちはその二班に分かれて訓練をしていたものと思われる。図１５０では、「救護系」の生徒が負傷者役の生徒に肩を貸しながら避難を誘導する後ろで、「救火系」の生徒たちがバケツリレーをしている。左奥には担架を運ぶ生徒たちも見える。この写真は中央部分だけをトリミングしたものが、「華北建設号」に掲載されている。

図151〈北京第四女子中学校の下校風景〉は、「北京市市立第四女子中學校」の看板がかかった門から出てくる生徒たちを撮影したもの。自転車通学の生徒も多かったようで、この写真の前後には、自転車で列をなして走る生徒たちの姿をとらえたものが何枚かある。門の上には「燈市口教會」、右側の柱には「華北中華基督教團燈市口教會」、左奥には「華北中華基督教團燕京道區會」の看板がかけ

図 149　北京土木工程専科学校の授業風景　1943/7 ～ 10 頃　撮影：林重男

図 150　北京聖心女子中学校の防空訓練
1943/7 ～ 10 頃　撮影：林重男

図 151　北京第四女子中学校の下校風景
1943/7 ～ 10 頃　撮影：林重男

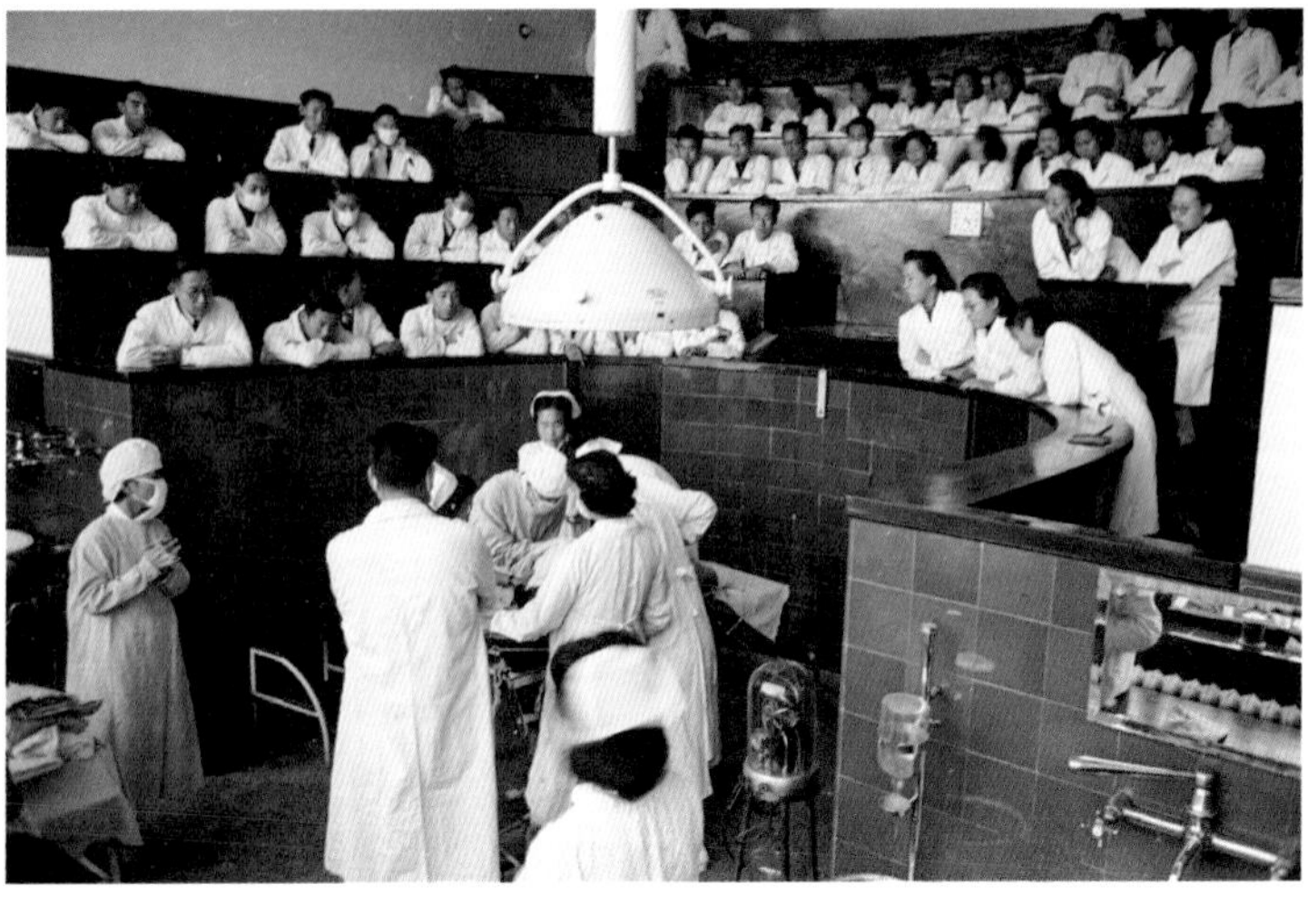

図 152（右頁下）
北京大学医学院の授業風景
1943/7 ～ 10 頃　撮影：林重男

図 153（左頁下）
北京芸術専科学校の授業風景
1943/7 ～ 10 頃　撮影：林重男

られており、学校がキリスト教の教会の敷地内にあったことがわかる。門の奥には教会の聖堂らしき建物が見える。

図１５２〈北京大学医学院の授業風景〉は、同校の階段教室で行われた治療の見学の様子であると思われる。女子学生も多く、手前右側では身を乗り出して見ている学生もある。設備は近代的なもののように見受けられる。図１５３〈北京芸術専科学校の授業風景〉は、同校の女子学生が天女のような絵に色をつけているところをとらえたもの。

図１５４〈天安門前の通り〉では、上が少し切れているが、天安門前の通りに設置された「大東亜戦争殲滅英美圖」とその前を行く人々をとらえている。「美」とはアメリカのことである。「大東亜戦争殲滅英美圖」には、中国に立つ日本兵らしき人物や旗をもって立つインド人が描かれ、太平洋の島々には日の丸が上がっている。ルーズベルト大統領とチャーチル首相の姿も描かれているが、漫画風で茶化されている。この写真では見えないところもあるが、地図の下には「北京特別市公署宣傳處製」という字が見えるので、市の宣伝広報に関わる部署が製作したものと思われる。「大東亜戦争殲滅英美圖」の左には、「努力増産　撃滅美英」と書かれた看板も立てられている。またこの写真の前後には、「大東亜戦争殲滅英美圖」の右に設置された戦果などを書いた看板が写っているものもある。１７５頁図１７０の中央やや下にこれらの看板が写っている。

図 154　天安門前の通り　1943/7 ～ 10 頃　撮影：林重男

第3節●新民会とその行事

中華民国新民会は北支那方面軍の主導により設立された民衆教化団体で、臨時政府に引続いて一九三八年一二月二四日に発足した。臨時政府と表裏一体になって民心を獲得することを目的に設立されたが、三九年九月以後、日本軍の支配が強化され、日本軍の華北占領政策に奉仕する団体としての性格を強めていった。新民会では青少年層の教化に力を入れており、「東方社コレクションⅡ」にはそのための組織や行事の写真も多く残されている。

図155〈一九四三年新民青少年団総検閲大会〉は、新民会傘下の新民青少年団の総検閲大会における入場行進を写したもの。ここでいう「検閲」とは軍事用語で、兵士や部隊の訓練状況を検査し、その能力を評価することである。この総検閲大会は、軍隊にならった青少年団の閲兵式のようなものであったと思われる。中国人青少年にまじって、ヒトラーユーゲントの若者たちと引率者らしき男性の姿が見える。図155では一部しか見えないが、後ろの入場門には、上に「中華民國三十二年度新民青少年團秋季總検閲大會」、左右の柱には「團結奮闘」、「誠信服従」のスローガンが書かれている。新民会全体聯合協議会の開会と同じ一九四三年一〇月二六日に、北京の東単練兵場で開催されたこの大会には、華北各地の新民青少年団に加え、日本や満洲の代表、ヒトラーユーゲントの代表など総勢一万六〇〇〇人が参加したという。なお民国年号は、孫文が中華民国臨時政府を樹立した一九一二年を元年とするもので、広中一成によると、臨時政府は「自らが中華民国建国以来の正統を継ぐ政権であることを示すため、年号は中華民国年号を継承し」（『ニセチャイナ』社会評論社、二〇一三年、二六八頁）ており、南京国民政府も中華民国年号を採用していた。

図156〜157〈天安門前の分列行進①〜②〉は、図155の総検閲大会の後、天安門前で行われた分列行進の様子である。図156に写る青年たちは、胸に「中訓」と縫い付けた制服を着ているので、後述の中央訓練所の訓練生たちだと思われる。「東長安街」の額のかかった門に「慶祝新民會全體聯合協議會」と書かれた横断幕がかけられており、左側には大勢の見物人と輪タクや人力車が走るのが見える。図157は天安門前の検閲台付近をとらえた

図155　1943年新民青少年団総検閲大会　1943/10/26　撮影：林重男

図156　天安門前の分列行進①　1943/10/26　撮影：林重男

もので、検閲台の前を青年たちや吹奏楽団が行進していく。中央の検閲台の上で答礼しているのは、新民会会長で新民青少年団統監でもあった王克敏（右からふたり目）や南京国民政府の林伯生《りんはくせい》宣伝部長（中央）など、政権や新民会の幹部たちである。手前にはカメラを手にする報道陣らしき人たちや行進を見物するヒトラーユーゲントなどが見える。

前述の通り、一九四三年の新民会全体聯合協議会は一〇月二六日に始まったが、図158〈一九四三年新民会全体聯合協議会会場〉は、華北各省の代表が集まって北京の懐仁堂《かいじんどう》で行われた同日の開会式の様子であると思われる。演台の上には「民國三十二年度新民會全體聯合協議會會場」の横断幕が、演台の後ろには中華民国国旗の青天白日満地紅旗（右）と「亞」の字をデザイン化した新民会の会旗である紅亜旗（左）がかけられている。

前述のように新民会では青少年層の教化・訓練を重視しており、

體聯合協議會
平
建
國

民國三十二年度新民會全體聯合協議會會場

反共思想を身につけ、郷村の青年団の中核を担う人材を育成するため、各級の青年訓練所を設けていた。各省の青年訓練所の卒業生などが入所する最上級の青年訓練所であった中央訓練所は、一九三八年五月に中央青年訓練所として発足し、翌三九年四月に中央訓練所に改称された。図159〈新民会中央訓練所〉に写る黒板には、「新國民運動」などの字が見えるので、新国民運動に関する話をしているところではないかと思われる。新国民運動は南京国民政府が一九四二年初頭から始めた民衆の総動員運動で、三民主義の原点にかえってそれを実現することを標榜していたが、現実には政治的プロパガンダの域を出るものではなかった。黒板の後ろには、青天白日満地紅旗と紅亜旗、その上に中訓のロゴマークと「新民會綱領」が掲げられ、左右には「遵守團體的紀律」と「服従領袖的指導」というスローガンが書かれた垂れ幕がかかっている。タイポグラフィが多様で凝っているところが目を引く。

図 157（右頁上）
天安門前の分列行進②　1943/10/26
撮影：林重男

図 158（右頁下）
1943 年新民会全体聯合協議会会場　1943/10/26
撮影：林重男

図 159（左頁）
新民会中央訓練所　1943/7 ～ 10 頃
撮影：林重男

第4節●華北綏靖軍

日本軍は、中国においては、重慶国民党軍と中国共産党軍のふたつの敵と戦わなければならなかった。華北においては中国共産党軍の組織が拡大しており、中共軍との間の治安戦を制し、支配の安定を確保することが、日本軍の最大の課題であった。

北支那方面軍では、治安戦の一端を担わせるため、一九三八年から現地軍（華北治安軍）の育成・強化に本腰を入れはじめ、同年五月、小隊長クラスの将校の養成を目的として、通州に陸軍軍官学校を設立した。「剿共《そうきょう》、治安維持、郷土防衛」をスローガンとする同校が、翌三九年一〇月に北京北郊の昌平県清河鎮《せいがちん》に移り、北京軍官学校（綏靖総署陸軍軍官学校）となったらしい。**図160〜161**〈北京軍官学校①〜②〉は、この北京軍官学校での平均台の訓練と教室での授業の様子である。野外の訓練では、平均台のほか、鉄棒、上り棒、駆け足などの写真がある。図161の教卓の上におかれているのは軽機関銃であり、その操作についての授業であると思われる。

図160　北京軍官学校①　1943/7～10頃　撮影：林重男

生徒の机の上には、たくさんの本が並べられている。

治安軍軍士教導団は下士官を養成するための教育機関で、一九三八年一〇月に設立された。図162〈通州軍士教導団①〉は、通州の軍士教導団の訓練生たちが門から出ていくところを撮影したもので、右に「治安軍軍士教導團」の看板が見える。図163〈通州軍士教導団②〉は野外での訓練の様子で、機関銃を撃っている。後ろには指揮をとる教官の姿も見える。

華北治安軍は、これらの軍事教育機関で訓練を受けた青年たちを中核の人材として編成され、一九四〇年の兵力は一四個師団約二万六〇〇〇人であったという。華北政務委員会の成立以後、華北治安軍は華北綏靖軍《かほくすいせいぐん》と改称されるが、図164〈華北綏靖軍〉は、その華北綏靖軍の訓練の様子を撮影したものである。捧げ銃の姿勢をとって並ぶ兵士たちを教官が検査していっているところだと思われる。

「華北建設号」には、ここにとりあげた写真は掲載されていないが、北京軍官学校、通州軍士教導団、華北綏靖軍、いずれもその訓練や閲兵式の様子がとりあげられている。なお彼らの軍帽についている五芒星型帽章は、満洲国軍でも採用していたが、華北綏靖軍でも採用されていた。

図161　北京軍官学校②　1943/7 ~ 10頃　撮影：林重男

図 163　通州軍士教導団②　1943/7 ～ 10 頃　撮影：林重男

図 162　通州軍士教導団①　1943/7 ～ 10 頃　撮影：林重男

図 164　華北綏靖軍　1943/7 ～ 10 頃　撮影：林重男

第2章

関口満紀 北京取材

一九四四年

一九四四年七月、関口満紀は中国へ取材に向かった。ともに出かけた菊池俊吉は、満洲方面を担当し、関口は北京で撮影を行なった。このころ東方社では、中国向けの小型宣伝物をいくつか制作しており、そのための取材だったのではないかと思われる。この取材で撮影された写真が、「東方社コレクション」に九二八枚ある。

当時の北京での暮らしに関する証言には、食糧や物資の不足を指摘するものもあるが、関口の写真では、市場や露店でさまざまな食材や日用雑貨が売られている様子がとらえられている。宣伝物への掲載という目的もあってのことであろうが、平穏な暮らしぶりをとらえたものが多い。

第1節● 人々の暮らしと宣撫工作

図165 〈北京の小学校〉は、北京の小学校での授業の様子を撮影したもの。「初小國語教科書」と書かれている本を手にしている児童が多いが、二列目左から二番目の児童は「初小修身教科書」を見ている。その隣の児童の教科書には、「一年」の字が見えるので、初等科一年生であろう。一列目左端の児童と二列目左から四番目の児童は、新聞紙を教科書の表紙にしている。児童たちはほぼみな真剣に教科書を見ているが、二列目左端の児童は教科書を逆さにしている。全体の様子や前後の写真から考えると、カメラマンの要請で熱心に授業を受けているポーズをとっていたものと思われる。

待機空襲東京
在華美空軍
撃滅之紀録
十八日起廿三日止 飛仙
協和楽園登
飛仙

図１６６〈北京の街頭風景〉は東四牌楼の交差点付近を撮影したもので、路面電車や自動車、自転車などが行きかっている。手前の露天商は栗のようなものを売っており、台の下には車輪が見える。右の門柱の土台石には、さまざまな布告やポスターが貼ってある。右上には「９月９日特報」の上に「中華民國三十三年九月十五日」付の「北京特別市政府布告」が重ねられ、左上のポスターは一部破れているが、「協和楽團登」などの字が読みとれる。右下の「待機空襲東京在華美空軍撃滅之紀録」は、日本の文化映画「在支米空軍撃滅の記録」（日本映画社）のポスターではないかと思われる。「在支米空軍撃滅の記録」は日本では一九四四年八月に封切られたが、「撃滅の記録」というよりも、中国にある米空軍の基地の構成や配備されている機種、輸送路の現状などを、模型やミニチュアを使って解説することに力点をおき、それによって空襲に対する心構えを堅くさせることを狙っていたもののようである。図１６７〈北京の露店〉も東四牌楼近くの露天市場と思われる。手前の露店の中央には白菜が積まれ、ネギや豆類と思われるものなどさまざまな野菜が売られている。後ろにもテントがけの露店が並び、天秤棒を担ぐ男性たちも歩いている。

図１６８〈北京の野外音楽会〉は、北京市音楽堂で中国人たちが合唱するところを写したもの。北京市音楽堂は一九四二年一一月に北京の中央公園内に竣工した。中国人たちの後ろには日本軍の軍楽隊がおり、彼らの演奏に合わせて歌っているものと思われる。舞台の後ろには日の丸と青天白日満地紅旗がかけられており、日中親善の行事であったことがうかがえる。左側のマイクはラジオ放送用のライツマイクロホンと思われるので、ラジオでも放送された可能性がある。１９０頁図１８９〈歌う高峰三枝子〉も、この音楽会の一コマである。

図１６９〈北京の街頭写真展〉では、野外で開催された写真展を

図 165（右頁上）
北京の小学校　1944/9 ～ 10 頃　撮影：関口満紀

図 166（右頁下）
北京の街頭風景　1944/9 ～ 10 頃　撮影：関口満紀

図 167（左頁）
北京の露店　1944/9 ～ 10 頃　撮影：関口満紀

図168　北京の野外音楽会　1944/9～10　撮影：関口満紀

見物する中国人をとらえている。男性だけでなく若い女性や子どもたちの姿も見える。中央のパネル上方の写真は、東方社のフィリピン取材で撮影された女子中学生の合唱の写真で、左側には皇居の正門石橋の写真が貼られている。右側のパネル上方の写真は、26頁図12の三菱重工業航空機工場の別カットの写真であると思われる。これら以外にも東方社撮影の写真が展示されており、前後の写真からすると、かなり多くの写真パネルが並木に沿って並べられていたようである。図168、169からは北京で行われていた、日中提携・戦争協力を呼びかけるための文化工作の一端がみてとれる。また後者は、東方社の写真が印刷宣伝物以外の方法でも利用されていたことを示す資料でもある。

図170〈故宮空撮〉では、天安門（中央）や瑞門（右）、中山公園（左奥）などが空からとらえられている。天安門の壁には「剿共和平建國」の字が見える。中央やや下に162〜163頁図154に写る看板も見える。165〜166頁図156〜157の分列行進は、図170の右下から天安門の方へ行進していった。

図171〈天壇祈年殿前の女性〉はブローニー判のカラー写真である。「東方社コレクション」にはブローニー判のカラーフィルムが二六枚あるが、その中の三枚が中国の名所・旧跡で女性モデルを使って撮影したもので、図171以外の二枚は北海公園の九龍壁の前で撮影されている。名所・旧跡の写真はグラフ雑誌の定番のテーマではあるが、歴史的な建造物が無事に残されていることを示すことで、日本の支配の正しさをアピールする意味もあったのではないかと思われる。

図 169　北京の街頭写真展　1944/10/26　撮影：関口満紀

図 170　故宮空撮　1944/7 ～ 10 頃　撮影：関口満紀

図 171　天壇祈年殿前の女性　1944/7/16　撮影：関口満紀

第2節●新民会と青少年の活動

図172〈勤労奉仕の男子学生①〉は、スコップを地面に突き立てて立つ若い男性のポートレートである。下から見上げる構図は、堂々とした威厳を加味するために兵士の写真などによく使われるが、この写真でも力強さや頼もしさが感じられる。ポロシャツの胸には、「北京」の文字と紅亜旗と同じマークが縫いつけてあるので、新民会傘下の団体に所属していたものと思われる。**図173**〈勤労奉仕の男子学生②〉は、畑でも作るためであろうか、制服やシャツ姿の男子学生が、瓦礫や土を運び出しているところである。南京国民政府でも日本同様、金属献納運動や勤労奉仕などを戦争への協力

図172　勤労奉仕の男子学生①　1944/9～10頃　撮影：関口満紀

図173　勤労奉仕の男子学生②　1944/9～10頃　撮影：関口満紀

として国民に課しており、学生たちにも道路の修築や開墾などを行わせていた。この写真の前後には、図172に写る男性と同じ服装の男性たちの指揮の下、学生たちが土を掘り、土地を整備している様子がとらえられている。図173でも、後ろの高いところで図172の男性と同じ服装の男性が、腕を組んで作業を見ている。

図174〈一九四四年新民会全体聯合協議会会場〉は、一九四四年の新民会全体聯合協議会の会場を写したものである。会場は前年と同じく北京の懐仁堂《かいじんどう》で、同年一〇月二六日に撮影された。演台の上には「民國三十三年度新民會全体聯合協議會會場」の横断幕が張られ、演台の後ろには青天白日満地紅旗と紅亜旗が飾られている。しかし、演台前方の花が前年に比べると少なく、寂しい印象である。

図175~176〈一九四四年新民青少年団総検閲大会①~②〉は、前年同様全体聯合協議会の初日に行われた新民青少年団の総検閲大会の模様を写したものである。図175では青年男女が入場してきており、「中華民國三十三年度新民青少年團總檢閱大會」と書かれた入場門や、その上にかかげられた青天白日満地紅旗と紅亜旗も写し込まれている。この写真では右側しか見えないが、門の左右には、これも前年同様「團結奮闘」、「誠信服従」のスローガンが書かれている。図176では、すでに入場して整列している参加者たちを、新民会幹部や日本軍軍人が閲兵している。先頭を行く旗には、上が切れているが、「新民青少年團中央統監部」と書かれている。その後ろ、左側の大柄の男性は、新民会副会長・新民青少年団副統監の喩熙傑《ゆきけつ》であると思われる。喩は中央訓練所の所長も兼任していた。

図174　1944年新民会全体聯合協議会会場　1944/10/26　撮影：関口満紀

図 175　1944 年新民青少年団総検閲大会①　1944/10/26　撮影：関口満紀

図 176　1944 年新民青少年団総検閲大会②　1944/10/26　撮影：関口満紀

第3章

大陸打通作戦従軍取材

別所弥八郎　一九四四―四五年

太平洋戦線の敗退で海上輸送が難しくなった日本軍は、陸上輸送路を確保すると同時に在華米空軍の基地を破壊するため、一九四四年四月、大陸打通作戦（一号作戦）を開始する。別所弥八郎は同年九月、〝日本陸軍史上最大の作戦〟と言われる同作戦の最後の山場である桂林・柳州攻略戦を取材するために派遣された。東方社のカメラマンの中で陸軍の作戦に従軍して取材を行なったのは、現在判明している限りでは別所ひとりだけである。

別所は従軍取材中に『読売報知』（一九四五年一月一三日朝刊、一四日朝刊）に「大陸縦断路を征く　別所報道班員手記」（上）（下）を寄せ、さらに戦後、写真集『ある従軍カメラマンの証言』（コープさっぽろ、一九九〇年）を刊行している。同写真集の「まえがき」に記された取材行程と『読売報知』の記事の間には食い違うところもあるが、別所の足取りを簡単にたどっておこう。

別所は北京で同僚の関口満紀を訪ねた後、南京に向かい、支那派遣軍報道部に従軍取材の挨拶に行く。その後漢口に移動し、一〇月二六日に同地を発ち、長沙、衡陽を経て、一一月二〇日頃桂林に入る。一二月初頭まで桂林に滞在したのち、柳州から南寧、フランス領インドシナのドンダンまで足をのばす。その後、西江を下って広東に至り、一九四五年の正月は同地で迎えた。広州市や香港で取材を行なった後、最後は南部粤漢《エッカン》線を北

図177　桂林飛行場の破壊された米軍機　1944/11 ～ 12　撮影：別所弥八郎

上して、漢口から南京へ戻ったと思われる。

別所は陸軍報道部のカメラマンとして、陸軍部隊につき従いながら、各所で日本軍の行軍や駐屯の様子、戦闘の跡地、中国人の暮らしや空襲による被害状況、日中両軍の宣伝物などを撮影している。これらの写真は、戦場となった中国各地を記録した貴重な写真群といえる。この取材で撮影されたと思われる写真が、現在、一八九二枚確認できている。

第1節●日本軍の行軍と進駐

日本軍は地上作戦に先立ち米空軍基地への空襲を行なっており、米空軍は一九四四年九月に桂林飛行場を放棄し、南寧などに移動していた。**図177**〈桂林飛行場の破壊された米軍機〉は、日本軍の空襲により破壊された米軍機の残骸と思われる。図177とともに撮影されたと思われる写真が、『読売報知』（一九四五年一月一四日朝刊）に前述の記事とともに、「わが軍に爆砕された桂林飛行場の敵機残骸」（別所報道班員撮影）として掲載されている。

前述の通り、別所は一九四五年の正月を広東で迎えた。右側に「廣東神社」の社号標石が写る**図178**〈広東神社〉は、広東神社に詣でる日本軍の軍人たちをとらえたものである。この後の写真には、着物姿の子どもたちも写っているので、この軍人たちも初詣に来たものと思われる。広東神社は一九三四年一一月に創建されたが、日中全面戦争の勃発により一時ご神体を台湾神社に奉遷し、三九年一〇月に元はフランス領事館のあった漢民公園にご神体を奉迎して、広東神社を再建したという。

日本では大陸打通作戦が成功し、陸路が確保されたかのように伝えられていたが、現実には米空軍の空襲と中国軍のゲリラ作戦により、橋やトンネルは破壊され、交通路は寸断されていた。**図179**〈破壊された曲江橋〉と**図180**〈脱線した列車〉は、米空軍の空襲により破壊された橋と脱線した列車であると思われる。図179は、この前の写真に「曲江橋」という文字が読めるので、図

広東省北部、現在の韶関市《しょうかんし》で撮影されたと推測される。破壊された橋の横に作られた小さな仮設の橋を、日本軍の軍人たちが渡っている。図180でも空襲によって脱線し、崖に落ちている列車の横を、軍人たちが徒歩で進んでいる。図180も現在の韶関市楽昌付近で撮影されたものではないかと思われる。南部粤漢線沿線で撮影されたと推測される写真には、中国人を動員して船で移動していた様子も撮影されているが、これらの写真からは、鉄道も道路も使えず、日本軍の軍人たちがひたすら歩いて撤退していた様子が見てとれる。

図178　広東神社　(1945/1)　撮影：別所弥八郎

図 179　破壊された曲江橋　(1945/1～2)　撮影：別所弥八郎

図 180　脱線した列車　(1945/1～2)　撮影：別所弥八郎

第2節●現地人たちの動員と養成

第3部第1〜2章では、華北地方における現地住民の戦争への協力・動員を見てきたが、華北以外でも各地で日本軍による現地住民の動員は行われていた。

日本軍は、アジア・太平洋戦争の開戦とともに、イギリスの植民地であった香港を攻略・占領し、軍政を敷いた。香港占領地総督部では、中国人やインド人を動員して、造船所で木造機帆船を製造させていた。**図181〜182**〈香港の造船所①〜②〉は、造船所で働く人々をとらえたものである。図181にはターバンを巻いたインド人や特徴のある帽子を被った中国人などが見える。手前ではふたりでのこぎりをひいている。後ろで造っているのが、木造機帆船と思われる。図182はインド人工員と中国人工員のツーショット。インド人が金槌を反対にして指す方向をふたりで見ているが、親密さを演出するためにカメラマンがポーズをつけたのであろう。

図183〈香港海員養成所〉は、香港占領地総督部が設立した海員養成所の訓練生たちが、船の模型で勉強しているところ。右が木造機帆船である。ほかには機関の操作や帆の張り方を学ぶところ、手旗信号の訓練、造船場で働く姿などが撮影されている。同養成所は、『写真週報』二七五号（一九四三年六月九日）「香港の中国人海員養成所」でも紹介された。

図184〈演説をする「復興隊」の少年〉は桂林で撮影された

図181　香港の造船所①　(1945/1)　撮影：別所弥八郎

図 182　香港の造船場②　（1945/1）　撮影：別所弥八郎

図 183　香港海員養成所　（1945/1）　撮影：別所弥八郎

図 184　演説をする「復興隊」の少年　1944/11 ～ 12　撮影：別所弥八郎

もので、「復興隊」の腕章を巻いた少年が、近隣の住民と思われる人々を前に演説をしているところだと思われる。左端には日本軍の軍人が立っており、その右側に見える男性は、日の丸と青天白日満地紅旗が描かれたポスターのようなものをもっている。中国人を利用した宣撫活動のひとつであると思われる。**図185**〈荷物を運ぶ中国人たち〉も桂林で撮影されたもので、捕虜であろうか、日本軍に荷役とされた中国人たちが列になって荷物を運んで行っている。

図186〈鉄道復旧作業〉、**図187**〈飛行場復旧作業〉、**図188**〈橋梁復旧作業〉は、いずれも空襲などにより破壊された設備を復旧するために動員された中国人たちを写したものである。図186と図187は桂林で、図188は長沙付近で撮影されたものだと思われる。これらのほかに、南部粤漢線沿線の道路復旧作業の写真もある。図186の作業に向かう人々の中には少年の姿も散見されるが、南部粤漢線沿線の道路復旧作業には女性が写っている写真もある。また前述のように、米空軍は日本軍の進攻の前に桂林飛行場を放棄していたが、その際に滑走路などの設備を自ら爆破していた。図187はこの米空軍による爆破でできた穴を埋める作業だと思われる。これらの写真からは、日本軍が女性も子どもも含め中国人たちを動員して、さまざまな労働や作業にあたらせていたことがうかがえる。

図 185　荷物を運ぶ中国人たち　1944/11 ～ 12　撮影：別所弥八郎

第3節●行事・娯楽・宣伝物

別所は各地で日中双方の宣伝物や行事の写真なども撮影している。図189〈歌う高峰三枝子〉は、174頁図168の野外音楽会の舞台で歌う高峰三枝子と彼女を撮影するカメラマンたちをとらえたもので、北京で関口満紀とともに撮影に行ったと思われる。後ろには多くの観客が見える。図190〈国慶節の閲兵式〉は、一〇月一〇日の国慶節に南京で行われた「國慶閲兵典禮」の模様であると思われる。舞台の上と前に大勢の軍人が整列しており、その前を小型の戦車が行進していく。舞台の上には青天白日の紋章と青天白日満地紅旗が掲げられており、この写真では見づらいが、舞台の後ろには孫文の肖像画を真中にして、左右に青天白日満地紅旗が飾られている。

図191〈広東の壁新聞展〉は、南支派遣軍報道部が開催した壁新聞展の会場を写している。この写真の前後には、会場の様子をとらえたものだけでなく、展示会の準備の様子も撮影されている。展示物は図191に写るもののように、貼りつけた写真を主とした壁新聞のほか、絵画もあったようだ。図191に写る壁新聞には、右上に「廣州市民ニハ記憶今尚生々シイ五八爆撃ノ惨状」とあり、「米鬼ノ獣行」という文字が二カ所に見える。したがって、貼りつけられている一〇点余

図186（右頁上）
鉄道復旧作業　1944/11～12　撮影：別所弥八郎

図187（右頁下）
飛行場復旧作業　1944/11～12　撮影：別所弥八郎

図188（左頁）
橋梁復旧作業　（1944/10～11）　撮影：別所弥八郎

図189　歌う高峰三枝子　1944/9 ～ 10　撮影：別所弥八郎

りの写真は、一九四三年五月八日の米空軍による空襲の被害の様子を写したものであると思われる。この空襲で広州市は多大な被害を受け、『戦史叢書61　ビルマ・蘭印方面第三航空軍の作戦』（防衛省防衛研究所戦史室、朝雲新聞社、一九七二年、三三三頁）には「死亡軍人三三、その他五〇〇以上、負傷軍人六〇、その他一、〇〇〇以上」と記されている。壁新聞の左下には「コレガ人道主義ヲ口ニスル彼等ノ正体ダ」と書かれており、米軍の空襲を強く批判している。

図192〈抗日宣伝壁画〉に写っているのは、建物の壁に描かれた中国側の抗日漫画である。着物を着て軍帽を被り、銃を肩に担った小さな子どもの後ろに立つ着物を来た女性は、涙をぬぐっているように見える。左側には日本軍の軍人らしい人物が描かれている。絵の上に書かれている「日本的孩子也要肩槍了」は、「日本の子どもは銃を持たされている」というほどの意味で、日本の軍国主義を批判したものであろう。絵の下に「三民主義青年団湖南支団」と書かれているので、この壁画の作者は重慶国民党系の抗日団体である三民主義青年団と考えられる。壁の前には中国人が何人か座っている。

図193〈香港の競馬場〉は香港の競馬のレースと観客をとらえたものである。競馬は香港の富裕層の娯楽のひとつであり、香港占領地総督部は一九四二年四月に競馬を再開した。そこには競馬運営による財政収入の確保や、軍政への不満をそらす狙いがあったものと思われる。この写真の前後には、背広姿の男性や上等そうなコートを羽織った女性などが大勢競馬場につめかけていた様子が撮影されている。これらの写真からは、戦争末期に空襲が繰り返される中でも、香港の富裕な人々が競馬に興じていたことがうかがえる。

図 190　国慶節の閲兵式　1944/10/10　撮影：別所弥八郎

図 191　広東の壁新聞展　(1945/1 ～ 2)　撮影：別所弥八郎

第4節 ● 空襲被害

別所は取材の過程で自身もしばしば米空軍の空襲を受けており、各地の空襲や戦闘による被害状況を撮影した写真も多く残している。図194〈長沙の空襲被害〉と図195〈衡陽付近の空襲被害〉は、往路で撮影したものと思われる。漢口から衡陽を打通する湘桂作戦第一段階（湖南作戦）は一九四四年五月に開始され、日本軍は六月

図192　抗日宣伝壁画　(1945/1 ～ 2)　撮影：別所弥八郎

図193　香港の競馬場　(1945/1)　撮影：別所弥八郎

一八日に長沙を、八月八日に衡陽を占領した。図194、195は、その戦闘の際に行われた空襲によって被害を受けた街や人々を写したものと推測される。図194では、道の両側の建物はほとんど破壊されており、その中をわらのようなものを乗せた荷車が通っていく。図195では、住居を失った家族であろうか、家財道具のようなものを天秤棒で運んでいる人たちをとらえている。少年も大きな荷物を提げた天秤棒を持ちあげている。手前にはガレキが散乱しているが、一方で復旧作業も進められており、奥には建設途中の家と屋根で作業をする人が見える。この写真の前にも大工仕事をする人たちが写されている。

前述の通り、別所は中国から国境を超えてフランス領インドシナに入るが、フランス領インドシナの北部では、一九四三年五月頃から米軍の空襲が始まっていた。国境近くの街ドンダンで撮影したと思われる写真一八枚は、いずれも空襲の被害の様子である。建物から煙が出る様子をとらえた写真や負傷者を運ぶ写真もあるので、空襲直後に写されたものと推測される。**図196**〈ドンダンの空襲被害〉はその中の一枚で、通りに木の枝やガレキが散乱している。建物は倒壊はしていないが、中は大きく損傷しているように見える。

別所がドンダンで空襲被害の写真を撮っていたのは、一九四四年一二月だと思われるが、漢口は同月一八日に米空軍の大空襲を受けた。**図197**〈武漢のパレード〉は、おそらくその大空襲の後、廃墟の街となった武漢を練り歩く蛇踊りなどのパレードを撮影したものと思われる。一面のガレキの中で、大勢の人が足を止めて蛇踊りを見物している。先頭を行くプラカードには「復興武漢」と大きく

図194　長沙の空襲被害　(1944/10 ~ 11)　撮影：別所弥八郎

図195　衡陽付近の空襲被害　(1944/10 ～ 11)　撮影：別所弥八郎

書かれ、その上に「和平奨券」と青天白日のマーク、左右に「大家發財」（誰も皆、金持ちになる）、「人心歡喜」と書かれている。また別の写真には「和平彩票」のチラシやチラシをもらおうとする人たちも写っている。「奨券」も「彩票」も宝くじの意であるので、このパレードは武漢復興の財源を集めるために売り出された宝くじの宣伝をしていたのではないかと思われる。

図１９８〜２００〈香港の空襲被害①〜③〉は、空襲直後の香港の様子をとらえたものである。別所が香港に滞在していたと思われる一九四五年一月頃、香港では何度か米軍による空襲を受けている。これらの写真が一月二一日の空襲による被害かどうかは不明だが、二一日の空襲について『読売報知』（一九四五年一月二三日朝刊「又も香港盲爆　華人死傷四千」）は、「盲爆をうけた地域一帯は一般華人商店住宅等密集せる区域で、被害は家屋全半壊約五百、死者一千負傷者約三千に上ってゐる」と報じている。図１９８に写る子どもを背負った女性は、空襲の犠牲となった人の亡骸に手を合わせているものと思われる。図１９９には、既に亡くなっているのか、被害を受けた建物のガレキの中に横たわるふたりの少年の姿が見える。後ろでは救出作業が行われているらしく、ガレキの上に立つ人や作業を見守っていると思われる人たちが写っている。図２００の廃墟となった街で嘆き悲しむ女性の写真からは、その声が聞こえてきそうである。このほかにも、ガレキの中から負傷者を助け出す様子や負傷者をトラックに収容する様子など、空襲直後の生々しい被害状況が記録されている。

　日本政府は空襲に関する記事や写真について、「罹災者の狼狽状

図 196　ドンダンの空襲被害　1944/12　撮影：別所弥八郎

図 197　武漢のパレード　（1945/2 ～ 4）　撮影：別所弥八郎

況」、「死者または傷者の運搬状況に関する写真」、「死体写真」などによって「事実を誇張し、または刺激的」に報じることがないよう指示を出し、事実上、被害の実態を報じることを禁じていた（横田省己「がんじがらめの言論」『週刊朝日』六三巻二一号、一九五八年五月一四日、六一頁）。一九四五年五月二九日の横浜空襲の際にも、別所は犠牲となった人々を撮影しているが、現在わかっている中では、東方社で空襲の犠牲者の写真を撮影しているのは別所だけである。非戦闘員を無差別に殺戮する空襲の残酷な現実を伝える別所の写真は、非常に重要なものと考える。

図 198（右頁）
香港の空襲被害①　(1945/1)　撮影：別所弥八郎

図 199（左頁）
香港の空襲被害②　(1945/1)　撮影：別所弥八郎

図 200（次頁）
香港の空襲被害③　(1945/1)　撮影：別所弥八郎

Column 5

東方社写真の加工について

図⑤-1は、一九四一年秋に千葉県習志野の陸軍騎兵学校で撮影されたものである。同年四月、騎兵と戦車兵が統合され機甲（機械化装甲）兵種となったが、騎兵学校の名は残された。騎兵学校の写真は菊池俊吉も撮影しており、図⑤-1に写る95式軽戦車と二台のオートバイの写真が、『鋼鉄の最新鋭部隊　千葉戦車学校・騎兵学校』（菊池俊吉撮影・北川誠司解説、大日本絵画、二〇〇八年）にも多数収録されている。同書の北川誠司「写真撮影地の背景について」によれば、当時の騎兵学校においては、「捜索部隊、軽戦車部隊にとって必要な教育、研究を継続」（一八八頁）していたという。なお前方のオートバイに乗る兵士は無線機を、後方のオートバイに乗る兵士は軽機関銃を背負っている。

参考図版⑤-1は、『FRONT』「陸軍号」の中の一枚である。この写真は、図⑤-1をトリミングしたものであるが、この二枚の写真の違いがおわかりになるだろうか。小さなところだが、図⑤-1のオートバイのサドルの前方にある〝Norton〟のロゴに注目していただきたい。このオートバイを製造したノートンはイギリスのオートバイメーカーで、二〇世紀初頭にチェーンメーカーからモーターサイクルに参入し、レースでの勝利によって名声をあげていったという。『FRONT』では、この〝Norton〟のロゴが消されている。〝英米の植民地支配からアジアを解放する〟ことをうたう日本軍の装備品がイギリス製では格好がつかないし、装備品を限定されないためでもあろう。軍事機密を守るため、また日本軍の威容を誇示するため、『FRONT』の写真には、さまざまな修整や加工が施されていた。そのことはつとに知られているが、細かいところにも気を配り、消すべきものはもれなく消されていたことが、この例からもわかるだろう。

一方、写真にないものが書き加えられている例もある。『FRONT』ではないが、参考図版⑤-2の『朝日新聞』（一九四四年一月二日朝刊）「富士山を越えゆく呑龍の初飛行」（陸軍省提供）は、図⑤-2をもとにしている。百式重爆撃機・呑龍が富士山を背景に飛ぶこの写真は、林重男が一九四三年中に撮影したもので、図⑤－2では富士山はまだ雪をかぶっていない。しかし新聞の写真では、頂上がきれいに雪化粧をしている。おそらく正月の季節感を出すために描き加えられたものであろう。この写真は『マニラ新聞』（一九四四年一月一五日朝刊）にも、「富嶽を越えて呑龍征く」（陸軍省提供）として掲載されている。

図⑤-1
95式軽戦車とオートバイ（陸軍騎兵学校）1941年秋　撮影：（木村伊兵衛）

参考図版⑤-1 『FRONT』「陸軍号」

雪化粧をした富士山の写真を見て、熱帯のフィリピンに暮らす日本人たちが故郷をしのんだことは想像に難くない。これはたわいない例かもしれないが、写真の加工という問題を示す一例ではあろう。

　写真は〝真を写す〟ものであるが、加工も簡単にできる。あったものを消すこともできれば、なかったものを描き加えることもできる。戦時中は軍事機密を隠すためや戦意を維持させるため、新聞でも雑誌でも写真は記事とともに検閲され、さまざまな修整や加工を施された。コラム②でとりあげた満洲国建国一〇周年記念式典の写真でもそうであるが、不都合なものを隠し、都合の良い「真実」を作り上げるという写真や写真宣伝物のもつ問題性が、ここにあげた例からも見えるのではないだろうか。写真を見る側は、〝写真であれば真実であろう〟と、加工されたものを真実と思い込まされる。東方社の写真は、写真の怖さを教えてくれる資料でもある。

図⑤-2
富士山を背に飛ぶ呑龍の編隊（浜松陸軍飛行学校）（1943/11 ～ 12） 撮影：林重男

徒らに新奇求めず
既定施策を實行
決勝第三年 東條内閣の指向

食糧戰略
國家の爲の增産
決行に勇氣と誠意

敵の强味と弱
根强い失業の不
國民の戰意

参考図版⑤-2 『朝日新聞』1944 年 1 月 2 日朝刊

Column 6

文化社が撮影した戦後の写真

東京空襲による東京都の被害は資料によって幅があるが、罹災住宅は七〇万戸を超え、罹災者は約三〇〇万人、区部市街地面積のほぼ半分にあたる約一四〇平方キロメートルが焼失していた。東方社を継いだ文化社に参加したカメラマンたちは、その焼跡の中で、人々の暮らしや社会運動、少しずつ復興していく街の様子や占領軍の兵士たちの姿などを撮影した。焼跡に広がる闇市や街頭の様子、戦災者の収容施設での暮らしや社会事業、復興祭の様子などを写した写真については、すでに『東京復興写真集1945～46』（山辺昌彦・井上祐子編、勉誠出版、二〇一六年）に収録しているので、そちらをご覧いただきたい。ここでは『東京復興写真集』に収録していない社会運動や政治関係の写真、占領軍軍人を写した写真などについて紹介しよう。

周知のように占領当初、日本の非軍事化・民主化を標榜したGHQは、一九四五年一〇月に五大改革指令を出す。そのひとつ「労働組合の結成奨励」の指令と一二月の労働組合法の制定を受け、労働組合結成の動きが盛んになる。釈放された共産党幹部など左派系指導者のリードの下、馘首反対と賃上げを主な要求とする労働組合の運動と、食糧を要求するより広範な市民の運動が相まって、大きなうねりとなった。そして人々はそれらの要求

図⑥ 1　首相官邸前のデモ隊（幣原反動内閣打倒人民大会）　1946/4/7

図⑥-2
第17回メーデーのデモ行進　1946/5/1
撮影：林重男

に加えて、反動政府打倒や民主統一戦線結成を訴え、デモや集会を行なった。

図⑥-1は一九四六年四月七日に行われた幣原反動内閣打倒人民大会の後、首相官邸前まで来たデモ隊を写している。日比谷公園で開かれたこの大会には、労働者、農民、学生など約七万人が集まった。デモ隊はこの後、首相官邸になだれ込んでいくのだが、この写真からは、さまざまな要求を書いたムシロ旗やプラカード、幟などを手に、多くの人が集まっていたことがわかる。図⑥-2は四六年五月一日のメーデーのデモ行進の様子である。戦後初となるこの第一七回メーデーには、約五〇万の民衆が集まり、宮城前広場（現皇居前広場）での大会の後、デモに繰り出した。この写真にも写っているように、女性たちも多く参加した。またこの写真には、デモ参加者とともに、監視にあたるMPの姿も写し込まれている。図⑥-3は四六年五月一九日の飯米獲得人民大会、いわゆる食糧メーデーで、子どもを背負い窮状を訴える女性をとらえたもの。食糧メーデーも宮城前広場で開かれ、約二五万人が集まったが、文化社の写真

図⑥-4　飯米獲得人民大会会場の占領軍軍人　1946/5/19　撮影：林重男

図⑥-3　飯米獲得人民大会での女性の演説　1946/5/19

図⑥-5　東宝組合員の日本劇場バルコニーでの寸劇　1946/10/16　撮影：関口満紀

群からは、親子連れやモンペ姿の中年女性など、老若男女幅広い層の人々が集まっていたことがうかがえる。図⑥-4は、食糧メーデーを監視する占領軍軍人。図⑥-5は東宝争議の一環で、日本劇場のバルコニーで上演された寸劇の様子。中央で「自由」と「平等」のプラカードをもっているのは、〝自由の女神〟に扮した三谷幸子《みたにさちこ》。東宝争議に関わる写真群には、日本映画演劇労働組合の執行委員長を務めた脚本家・八木保《やす》太郎《たろう》の講演会や、日映演東宝支部の青年・婦人部大会の様子、「芸術復興祭」（一九四六年一〇月二〇日）の宣伝・前売り券販売など、さまざまな組合活動の様子を撮影したものがある。

　メーデーや食糧メーデーの写真でもわかるように、戦後は一般の女性たちも公の場で声を上げるようになった。戦争中さまざまな場で戦争協力を通して社会に進出していった女性たちは、戦後は家族を守り、生活を守り、労働者としての権利を守るために、組合活動や社会運動に参加していく。彼女たちを後押ししたのが、五大改革にも含まれていたGHQの「婦人解放」の指令であり、一九四五年一二月には婦人参政権が認められる。

　図⑥-6は、戦後最初の総選挙となる第二二回衆議院議員選挙（一九四六年四月一〇日）に向けて、日比谷公園で開催された五大政党婦人代表立会演説会の模様であり、図⑥-7は投票に訪れた女性たちの姿である。図⑥-7のモンペ姿の女性たちの後姿には、オ

図⑥-6　五大政党婦人代表立会演説会　1946/3/30

図⑥－8　フラミンゴ・クラブでのダンス　1946 年

図⑥－7
衆議院議員選挙投票所前の女性たち
1946/4/10

ズオズとした様子も感じられるが、女性が始めて投票権を行使した記念すべき日の写真である。この選挙で三九人の女性代議士が誕生した。

　女性たちは社会運動に参加し、政治に参加して、敗戦の混沌とした社会から新しい一歩を踏み出そうとしていた。しかしその一方で、生活のために占領軍の軍人たちの相手をせざるを得ない女性たちも多くあった。図⑥－8は社交ダンスを踊る男女を写したもので、日本人女性と踊る占領軍兵士たちを正面にとらえている。場所は箱根の旅館、箱根三昧荘に併設されていた舞踏場フラミンゴ・クラブと思われる。後ろのしつらいからは和風の大広間を急遽ダンスホールとして使用していたことがうかがえる。「占領軍兵士と日本人女性との交際」は占領軍にとっては好ましくない写真であり、検閲処分の対象となる事例であった。おそらく先の食糧メーデーを監視する占領軍軍人の姿もそうであったと思われるが、文化社の写真の中には、占領軍にとっては好ましくないような写真も散見される。

　また占領軍は米軍が中心であったため、イ

ギリス連邦軍の写真は多少あるが、占領軍側が撮影した写真は、大半が米軍の軍人を写したものである。図⑥-9はソ連軍の軍人たちを撮影したもので、貴重な写真であろう。最後にもう一枚珍しい写真として、占領軍の人々と話をする学生服姿の皇太子明仁親王（現天皇）の写真（図⑥-10）を紹介しておきたい。一九四六年の秋に、明治神宮外苑競技場で行われた陸上競技会の際に写されたものと思われる。

敗戦後の占領という事態の中で、戦後民主主義は産声を上げた。占領軍が駐留し、街中を闊歩する中で、人々は食うや食わずの生活をしながら、新しい時代を切り開こうとしていた。戦後七〇余年を経た今日、私たちは彼ら、彼女らの望んだ社会を実現できているのだろうか。当時の人々の姿に目を向けることは、現代を生きる私たちにとっても、決して無駄なことではないと思う。

図⑥-9
ソ連軍の軍人たち
1946年

図⑥-10　明治神宮外苑競技場で話をする皇太子と占領軍関係者　1946年

おわりに

東方社の写真には、行事や各種学校、勤労動員の写真など、他社の雑誌や新聞に掲載された写真と内容的に重なり合うものもあるものの、前線の戦況を伝えるようなものはない。東方社の写真に写る軍人たちは、多少泥や油にまみれているとしても、主には内地で訓練をする軍人たちであり、東方社のカメラマンたちの任務は、彼らを格好よく、凛々しく、美しく写すことであった。それは労働者や子どもたちに対しても同じであり、東方社のカメラマンたちは、さまざまな場所で〝前向きに戦争遂行に協力している〟人々の真剣な態度や表情、明るい笑顔を絵になるように撮っていた。

しかしながら本書の写真からも、アジア・太平洋戦争の中、日本で総動員体制が深まっていったことは読み取れるだろう。陸軍の各種学校で青年たちは、一人前の兵士になるべく教育・訓練され、子どもたちもさまざまな機会に、少年兵になって後に続くように方向づけられていった。一方で勤労動員も進められ、女性も学生・生徒も、国民学校高等科の児童たちも、軍需工場はじめさまざまな労働現場に駆り出された。そして、市民に課せられる防空の役目も広がっていった。国内編では第1～2章から、第3章、第4章へ進むにつれて、戦争の重圧が深まっていったことが、感じられるのではないだろうか。宣伝のための写真が主であったとしても、アジア・太平洋戦争開戦直前から敗戦までの約四年にわたって撮影されたこれらの写真からは、戦争のために日本社会がいかに変化していったか、その中で人々がどんな試練や重圧を被ったのかをうかがい知ることができよう。

国内編もさることながら、東方社の写真の中でより興味深いのは、東南アジアや中国で撮影されたものであろう。各地の街頭スナップは、街頭という公共空間における生活風景で、生活の奥深くが知れるわけではないが、それぞれの地の人々の暮らしぶりがうかがえる。しかしそれ以上に、それら各国と日本の関係がかいまみえる写真に重要性があるのではないかと考える。長崎暢子は、「第二次世界大戦中のアジアの民族運動は、一方に抗日運動があり、他方に反英、反蘭など反西欧の民族運動があり、この二側面がセットになってい」(「東南アジアとインド国民軍」大江志乃夫ほか編『近代日本と植民地5 膨張する帝国の人流』岩波書店、一九九三年、一七二頁)て、単にファシズム対反ファシズムという構図では割り切れない複雑さをもつと指摘する。中国に関してもことは簡単ではなく、対日協力政権と重慶国民党と中国共産党の三つの勢力がせめぎ合っていた。また日本に直接・間接に支配された各地の対日協力政権と日本軍の間にも、協力と軋轢があった。その中で、日本は現地の人々とどう対峙し、どんな関係を構築し、どんな足跡を残したのか。

本書でとりあげた東方社の写真の中には、日本国内で撮影された写真を含めて、東南アジアや中国の人々、インド人、あるいはイスラム教徒たちを写した写真が多くある。インド国民軍はよく知られているが、米比軍のフィリピン人捕虜たちが日本軍の再教育を経て警察隊に組み込まれていたことは、あまり知られていないのではないだろうか。また華北の華北綏靖軍や北京軍官学校、シンガポールの興亜学院、各地の海員養成所などについても、当時の報道や記録が少なく、現在これらの機関について知っている人は多くはないだろう。東方社がこれらの機関や各国・各地での文化工作や行事の写真を撮影していたのは、やはり対外宣伝を担う団体だったからであろう。平岡ダムの「中華民国興亜建設隊」についても、対中国宣伝ということと関係があるものと思われる。また光墨弘や別所弥八郎の写真の中には、陸軍の宣伝班や報道部に所属したカメラマンだったからこそ撮影できたと思われるものもある。さらに東方社の写真の中には、東南アジアや中国では日本に先駆けて米軍からの本格的な空襲を受け、被害を被っていたことも記録されている。日本と大東亜共栄圏に組み込まれた各国との間にあった関係を示す痕跡、特に広く知られないままに忘れ去られようとしている痕跡が、わずかではあれ残されていたということは、大事なことではないだろうか。またこれらの写真によって、事実は知られていても具体的なイメージが描きにくかった事柄に、具体像が付与されたことにも意味があろう。

　とはいえ写真とは厄介な資料であって、「画像単独では利用可能な資料として完結することが困難で、画像を解読する付属情報を確定していくことで、画像の利用価値が格段に大きくなる」（島津良子「写真資料の調査と資料化」全国歴史資料保存利用機関連絡協議会編『劣化する戦後写真』岩田書院、二〇〇九年、一二頁）という特性をもつ。つまり画像だけでは有用な資料とならず、撮影時期や撮影場所などの撮影時の情報、さらには１４８頁コラム④でとりあげた青木哲郎のアルバムのように、画像に関する言葉や語りと一体となってこそ力を発揮する。そしてその語り手は本来、写真を撮った人や被写体となった人など、その写真の当事者たる人々、あるいは当事者たちと経験や記憶を共有する当事者に近い人々であるべきであろう。

　では当事者や当事者に近い人々の言葉や語りが残されていない写真は、どうすれば有用な資料として、社会に共有され得るのか。東方社の写真については、筆者もまた見る者のひとりであり、本書は「当事者ではない第三者がその資料の価値を切り取って意味づけをし、特定の意図に基づいた文脈にのせて意味を見る側に投げつける」（金子淳「戦争資料のリアリティ」倉沢愛子ほか編『アジア・太平洋戦争6　日常生活の中の総力戦』岩波書店、二〇〇六年、三三〇頁）危うさを内包している。しかしあえてその危険を侵さなければ、この「秘蔵写真」は「秘蔵写真」のまま朽ちていってしまう。それを見過ごすことは、許されないのではないか。

　本書では、収録した各写真について、できるだけ撮影時の情報を集めることに努めたが、それには限界があり、至らないところも多い。言おうと思えば何とでも言えてしまうところに写真を扱う難しさがある。本書は見る者のひとりである筆者が写真に意味づけをし、筆者の解釈に引き寄せ、アジア・太平洋戦争の歴史の中にそれぞれの写真を埋め込んだ危険な試みであるかもしれない。しかしあえてこの試みの意図をご理解の上、これらの写真をどのように受容していけばいいのか、ともに考えていただければ幸いである。

〔付記〕
本書は、公益財団法人政治経済研究所特別プロジェクト研究（二〇一六～一八年）「戦中・戦後の写真家の思想史的分析――濱谷浩資料を中心に」の研究成果を含んでいる。

あとがき

本書は私が「東方社コレクション」「同Ⅱ」の写真を編集した二冊目の本となります。一冊目の『東京復興写真集１９４５〜46――文化社がみた焼跡からの再起』（山辺昌彦・井上祐子編、勉誠出版、二〇一六年）では、八四〇枚の写真にキャプションをつけました。その写真のどこが大事なのか、読者に何を伝えたらよいのかを、私なりに考え、至らぬところも多かったものの、英訳の確認・修正も含めて、力を尽くしたつもりです。本書には、約二〇〇枚の写真を収録しました。枚数としては『東京復興写真集』の四分の一ですが、今回は単にキャプションをつけるだけでなく、それぞれの写真とその写真が写された背景を結びつけ、時代状況の中に写真を差し戻しながら、アジア・太平洋戦争と戦時下の社会を語るということを試みたため、その大変さは前回の比ではありませんでした。ハードルをあげたのは自分自身でしたが、その高さの前に自分の知識の少なさ、浅学非才を思い知ることになりました。ようやく完成した今は、「秘蔵写真」が陽の目を見ることができて、ホッとしている半面、これでよかったのか、もっと丁寧に調べ、よく考えて書くべきではなかったかという気持もあります。

私は一九九四年に立命館大学国際関係研究科前期博士課程に社会人枠で入学しました。私の指導教官になってくださった赤澤史朗先生（現立命館大学名誉教授）は、当時、立命館大学の法学部と国際関係研究科に籍があり、赤澤先生に就いて勉強したいと思っていた私にとって、国際関係研究科が社会人枠を設けてくれていたことは幸いでした。しかし入学当時の私は、アジア・太平洋戦争と戦時下の社会について勉強したいと漠然と思ってはいたものの、具体的なテーマを考えていませんでした。なかなかテーマをみつけられない私に、赤澤先生は、宣伝・広告関係はどうかと提案してくださいました。

このご助言に飛びついた私は、いろいろ調べはじめ、コラム③「今泉武治の日記」で紹介した報道技術研究会に行きつきました。そして、一九九五年一〇月二七日に今泉武治氏のもとを訪れ、インタビューをさせていただきました。はじめてのことで要領を得ないインタビューだったと思いますが、今泉氏は私の質問ひとつひとつに丁寧に答えてくださいました。今泉氏が亡くなられたのは、その翌々日のことです。

その後、私が最後のインタビュアーになったご縁で、今泉氏の日記や蔵書などを、立命館大学人文科学研究所にご寄贈いただくことになりました。修士論文を書き終えた私は、研修生の身分で、今泉氏の資料を整理し、日記を読むことになりました。おそらくこの資料整理・日記整理がなければ、私は前期博士課程の修了とともに研究をやめていたと思います。二〇年以上にわたって細々ながらも研究を続けてこられたのは、赤澤先生と今泉氏が残してくださった日記や資料のおかげです。赤澤先生、今泉氏のご遺族、立命館大学人文科学研究所「今泉武治文庫」の寄贈・受入に関わってくださった皆様および現在の関係者の皆様に、改めてお礼を申し上げます。

「東方社コレクション」「同Ⅱ」の共同研究については、「はじめに」で記しました。私は大学院に入学する前から、東方社のことも『ＦＲＯＮＴ』のことも知ってはいました。ですから、『ＦＲＯＮＴ復刻版解説Ⅱ』（平凡社、一九九〇年）に掲載されている今泉氏の日記の原本を読むことになったときは驚きましたが、東方社の写真ネガが発掘され、その整理に自分が関わることになったときは、それ以上に驚きました。「東方社コレクション」「同Ⅱ」の整理は予想以上に大変な作業で、調べても調べても結局はわからずじまいだったことも少なからずありましたが、いろいろな発見もあり、私にとっては大変貴重な経験となりました。「東方社コレクション」をご寄贈くださいました青山光衛氏のご遺族と岡塚章子氏、「東方社コレクションⅡ」をご寄贈くださいました林重男氏のご遺族に厚くお礼申し上げます。また共同研究に参加された研究者の方々と、共同研究を支援し、本書の制作にもご協力をいただきました公益財団法人政治経済研究所および同付属東京大空襲・戦災資料センターにもお礼を申し上げます。

共同研究「戦争末期の国策報道写真資料の歴史学的研究」において、ＮＨＫの首都圏放送センター、報道局報道番組センター社会番組部および大型企画開発センターのご協力が得られたことは、共同研究にとって大きな力となりました。協力グループを率いられました板垣淑子氏（現ＮＨＫ名古屋放送局報道部チーフ・プロデューサー）、共同研究とのパイプ役となり、東方社社員のご遺族探しにも尽力して下さった片山厚志氏（現ＮＨＫ広島放送局報道部ディレクター）をはじめ、関係者の皆様に感謝いたします。

また共同研究「戦中・戦後の「報道写真」と撮影者の歴史学的研究」では、研究補助者の大堀宙氏（現早稲田大学系早稲田渋谷シンガポール校専任教員）が、「東方社コレクションⅡ」に含まれているネガと同じ写真が『戦争の記録と記憶 in 鎌ヶ谷』（鎌ヶ谷市郷土資料館、二〇〇五年）に掲載されていることを見つけてくれました。彼のこの発見が、コラム④「震天隊隊長青木哲郎のアルバム」につながりました。青木哲郎氏のご遺族、青木恒之・至子ご夫妻には、いろいろとお話をうかがわせていただき、資料も快く貸していただきました。厚くお礼申し上げます。私がもっと早く東方社の写真のネガフィルムがあるのではないかと気がつき、調査をしていれば、青木氏（二〇一一年没）にも青木氏を撮影した林重男氏（二〇〇二年没）にもお話をうかがえたかもしれません。それを思うと、自らの不明と怠惰が悔やまれてなりません。

とはいえ、青木氏のご遺族同様、東方社社員のご遺族や著作権継承者・関係者の皆様には、大変よくしていただきました。共同研究の過程で、ご遺族や関係者の皆様には、聞き取り調査・所蔵調査をさせていただき、貴重なお話と資料をご提供いただきました。本書にもそれらを利活用させていただいております。多川健介氏および濱谷浩写真資料館の片野恵介氏・多田亞生氏には、所蔵資料の本書への掲載もお許しいただきました。厚くお礼申し上げます。また本書執筆に当たりましては、写真の内容の読取などに関し、多くの方に教えを請いました。ご教示・ご協力を賜りました皆様のお名前を記して、感謝を捧げたいと思います。

一般財団法人フィリピン協会、稲田明子、岡田一男、加島卓、鎌ヶ谷市郷土資料館、菅野暁子、菊池徳子、北河賢三、後藤公夫、小松健一、高野千和子、田子はるみ、店田廣文、チティパット・プンドントリー、千葉市教育委員会、千葉市立寒川小学校、ノンラック・リムシリ、原田健一、広中一成、フィリピン大使館文化部、平和祈念展示資料館、別所久美子、別所弥一郎、防衛研究所戦史研究センター史料室、三沢伸生、三宅みね子、村上聖一、望月雅士、靖国偕行文庫、山室絵子、山本武利（五〇音順　敬称略）

本書の準備を始めたのは二〇一七年の夏ですが、どういうわけか、それから半年余りの間に、私は滅多にないような災難やアクシデントに続けて見舞われました。そして年が替わって、本書の原稿も八割方書き終え、ようやくその多難の波も収まったかと思った矢先に来た最後の止めが、編集を担当して下さった岡田林太郎氏の独立でした。版元が変わることになるとは思いもよりませんでしたが、岡田氏から版元をどうするか相談を受けたとき、多少の不安はあったものの、迷いはありませんでした。私が「東方社コレクション」「同Ⅱ」の約二万枚の写真を一緒に見たのは岡田氏だけであり、岡田氏と共に本書に収録する二〇〇枚を選びました。ですから本書の編集者は、岡田氏をおいて他に考えられませんでした。

私はどちらかというと優柔不断で、大体いつもグズグズ迷うのですが、岡田氏の判断基準は明確で、写真の良し悪し、読者の目線で見てその写真に意味があるか、私に書きたいことあるいは書けることがあるかの三点であり、その明確な基準があったからこそ、写真の選定作業もスムーズに進んだのだと思います。また文章についても、常に「読者に親切であるため」という視点から、書き直しを注文されました。「東方社コレクション」「同Ⅱ」の研究・公開にあたっては、前述のように多くの方のご協力をいただいていますが、岡田氏はその中でも最も信頼できる同志のひとりだと私は思っています。

岡田氏が立ち上げられた「みずき書林」の「みずき」は、花水木からとられています。本書は「みずき書林」の三番目の花となります。この幼木にこれから次々ときれいな花が咲き、大木に育っていくことを祈ります。岡田氏には、感謝とともにエールを捧げたいと思います。またブックデザインを担当していただきました志岐デザイン事務所の山本嗣也氏、萩原睦氏、黒田陽子氏にも、いろいろ面倒な注文に応じていただき、感謝しております。

そんなこんなで近来まれにみるスッタモンダの一年でしたが、苦しいときほど、周りの人の人柄や能力がよく見えるということも実感しました。親身になって私を支え、励まして下さった方々に改めてお礼を申し上げたいと思います。ありがとうございました。

二〇一八年五月

本書を東方社カメラマンたちの霊に捧げます。

参考・参照文献リスト

〈定期刊行物類〉

『朝日新聞』縮刷版・東京版

『読売新聞』『読売報知』読売新聞記事データベース「ヨミダス歴史館」

『マニラ新聞』縮刷・復刻版、日本図書センター、一九九一年

『大阪朝日』北支版・復刻版『朝日新聞外地版』、ゆまに書房、二〇〇八〜〇九年

『朝日新聞』北支版・復刻版『朝日新聞外地版』、ゆまに書房、二〇〇八〜一一年

『週報』（内閣情報部→情報局）復刻版、大空社、一九八七〜八八年

『写真週報』（内閣情報部→情報局）復刻版、大空社、一九八九〜九〇年

『日本ニュース』（社団法人日本ニュース映画社→社団法人日本映画社）、ＮＨＫウェブサイト「戦争証言アーカイブス」

〈辞典・年表類〉

防衛庁防衛研究所戦史部『陸海軍年表　付兵語・用語の解説』戦史叢書１０２、朝雲出版社、一九八〇年

講談社編『廃墟からの出発　昭和20年〜21年』昭和二万日の全記録第7巻、講談社、一九八九年

講談社編『太平洋戦争　昭和16年〜19年』昭和二万日の全記録第6巻、講談社、一九九〇年

百瀬孝『事典昭和戦前期の日本―制度と実態―』吉川弘文館、一九九〇年

鈴木静夫・早瀬晋三編『フィリピンの事典』同朋舎出版、一九九二年

原剛・安岡昭男編『日本陸海軍事典』新人物往来社、一九九七年

桜井由躬雄・桃木至朗編『ベトナムの事典』同朋舎、一九九九年

秦郁彦編『日本陸海軍総合事典』第2版、東京大学出版会、二〇〇五年

桃木至朗ほか編『東南アジアを知る事典』新版、平凡社、二〇〇八年

安藤正士『現代中国年表１９４１－２００８』岩波書店、二〇一〇年

吉田裕ほか編『アジア・太平洋戦争辞典』吉川弘文館、二〇一五年

〈共同研究報告書、公益財団法人政治経済研究所付属東京大空襲・戦災資料センター発行〉

井上祐子・山辺昌彦・小山亮・石橋星志『アメリカ軍無差別爆撃の記録写真―東方社と国防写真隊―』二〇一二年

山辺昌彦・小山亮・石橋星志『東方社と日本写真公社の防空・空襲被害写真』二〇一三年

井上祐子・植野真澄・大岡聡・山辺昌彦・小山亮・石橋星志『戦中・戦後の記録写真―「東方社コレクション」の全貌―』二〇一四年

井上祐子・山辺昌彦・大堀宙『戦中・戦後の記録写真Ⅱ―林重男・菊池俊吉・別所弥八郎所蔵ネガの整理と考察―』二〇一七年

井上祐子・山辺昌彦・小山亮・石橋星志・大堀宙『空襲被害を撮影したカメラマンたち―東京空襲を中心に―』二〇一七年

〈東方社関係〉

光墨弘『南方報道写真集　マライ』東亜文化書房、一九四四年

中島健蔵「戦争と文化と抵抗と―参謀本部の裏街道―」『文学界』10巻8号、一九五六年八月

中島健蔵『昭和時代』岩波新書、一九五七年

「未公開写真・日本大空襲　座談会カメラマンは証言する―はじめて明かす撮影から公開まで―」『アサヒグラフ』第２６８５号、一九七五年三月一四日

中島健蔵『回想の文学５　雨過天晴の巻　昭和17年〜23年』平凡社、一九七七年

風野晴男「写真が「強い日本」をつくった」『写楽』5巻8号、一九八四年八月

林達夫『林達夫著作集』別巻Ⅰ（書簡）、平凡社、一九八七年
「反核・写真運動」編『母と子でみる　原爆を撮った男たち』草の根出版会、一九八七年
多川精一監修『戦争のグラフィズム—回想の『ＦＲＯＮＴ』—』平凡社、一九八八年
濱谷浩『潜像残像—写真体験60年—』筑摩書房、一九九一年
林重男『爆心地ヒロシマに入る—カメラマンは何を見たか—』岩波ジュニア新書、一九九二年
多川精一『戦争のグラフィズム—『ＦＲＯＮＴ』を創った人々—』平凡社ライブラリー、二〇〇〇年
井上祐子「太平洋戦争下の報道技術者—今泉武治の「報道美術」と写真宣伝—」『立命館大学人文科学研究所紀要』第75号、二〇〇〇年
川崎賢子・原田健一『岡田桑三映像の世紀—グラフィズム・プロパガンダ・科学映画—』平凡社、二〇〇二年
川畑直道『原弘と「僕達の新活版術」—活字・写真・印刷の一九三〇年代—』ＤＮＰグラフィックデザイン・アーカイブ、二〇〇二年
岩波書店編集部編『岩波茂雄への手紙』岩波書店、二〇〇三年
多川精一『焼跡のグラフィズム—『ＦＲＯＮＴ』から『週刊サンニュース』へ—』平凡社新書、二〇〇五年
井上祐子『戦時グラフ雑誌の宣伝戦—十五年戦争下の「日本」イメージ—』青弓社、二〇〇九年
ＮＨＫスペシャル取材班／山辺昌彦『東京大空襲—未公開写真は語る—』新潮社、二〇一二年
白山眞理『〈報道写真〉と戦争　１９３０-１９６０』吉川弘文館、二〇一四年
白山眞理・小原真史『戦争と平和〈報道写真〉が伝えたかった日本』平凡社、二〇一五年
井上祐子「東方社２万枚のネガにみる戦争と社会」『政経研究』第１０８号、二〇一七年六月
水原徳言「勝野金政という人を巡る井上房一郎氏と私共のこと」未刊行資料、個人蔵

〈第１部国内編〉

（第２～３部、「おわりに」、コラム①～⑥に関わるものを含む）

《社史・学校史・団体史類》

トヨタ自動車工業株式会社編『トヨタ自動車20年史』トヨタ自動車工業、一九五八年
渡辺学園八十年史編集委員会編『渡辺学園八十年史』改訂再版、渡辺学園、一九六二年
熊谷組編『熊谷組社史』熊谷組、一九六八年
日本青年館編『大日本青少年団史』日本青年館、一九七〇年
熊谷組編『株式会社熊谷組四十年史』熊谷組、一九七八年
靖国神社編『靖国神社百年史』資料篇上、靖国神社、一九八三年
早稲田大学大学史編集所編『早稲田大学百年史』第三巻、早稲田大学出版部、一九八七年
記念事業実行委員会編『撫子八十年—東京府豊島師範学校創立八十周年・東京第二師範学校女子部開校四十五年記念—』撫子会、一九八八年
日本航空協会編『協会75年の歩み—帝国飛行協会から日本航空協会まで—』日本航空協会、一九八八年
藤倉ゴム工業株式会社編『藤倉ゴム工業よもやま話—風雪90年記念誌—』藤倉ゴム工業、一九九一年
石川島播磨重工業株式会社総務総括部社史編纂担当編『石川島播磨重工業社史』沿革・資料編、石川島播磨重工業、一九九二年
早稲田大学大学史編集所編『早稲田大学百年史』第四巻、早稲田大学出版部、一九九二年
『日立兵器史—一軍需会社の運命—』日立兵器史編さん委員会、一九九二年
75年史編纂委員会編『光とミクロと共に　Nikonニコン75年史』ニコン、一九九三年
金森和子編『歌舞伎座百年史』資料篇、松竹／歌舞伎座、一九九五年
天龍村史編纂委員会編『天龍村史』下巻、長野県下伊那郡天龍村、二〇〇〇年
日本相撲協会広報部・相撲博物館企画・編集『大相撲八十年史』日本相撲協会、二〇〇五年
松坂屋百年史編集委員会編『松坂屋百年史』松坂屋、二〇一〇年
明治大学史資料センター編『戦争と明治大学—明治大学の学徒出陣・学徒勤労動員—』明治大学、二〇一〇年
『青山学院緑岡初等学校の学童集団疎開』編集委員会『青山学院緑岡初等学校の学童集団疎開』青山学院初等部、二〇一五年

《一般書・雑誌・データベース》

大日本飛行協会編『大日本航空青少年隊紀要』大日本飛行協会、一九四一年
岡本兼雄「時局と戦場運動（下）」『アサヒ・スポーツ』20巻21号、一九四二年一一月一日
北尾亀男編『航空年鑑昭和16-17年版』大日本飛行協会、一九四三年
丸の内消防署開署三十周年記念実行委員会『丸の内災害史　丸の内消防署開署三十周年記念』丸の内消防署、一九五六年
巌谷大四『非常時日本文壇史』岩波書店、一九五八年
竹内昭『日本の戦車』上巻、出版協同社、一九六一年
藤原義江『オペラうらおもて　藤原オペラの二十五年』カワイ楽譜、一九六二年
太田常蔵『ビルマにおける日本軍政史の研究』吉川弘文館、一九六七年

日本航空協会編『日本航空史　昭和前期編』日本航空協会、一九七五年
郭栄生『日本陸軍士官学校中華民国留学生名簿』近代中国史料叢刊第37輯、文海出版社、一九七七年
日本公園百年史刊行会編『日本公園百年史』総論・各論、日本公園百年史刊行会、一九七八年
東京の消防百年記念行事推進委員会『東京の消防百年の歩み』東京消防庁、一九八〇年
ジョイス・C・レブラ著／村田克己ほか訳『東南アジアの解放と日本の遺産』秀英書房、一九八一年
日本の空襲編集委員会編『日本の空襲4　神奈川・静岡・長野・新潟・山梨』三省堂、一九八一年
野沢正『日本航空機総集　第一巻三菱編』改訂新版、出版協同社、一九八一年
毎日新聞社『陸士・陸幼』別冊一億人の昭和史・日本の戦史別巻10、毎日新聞社、一九八一年
レオカディオ・デアシス著／高橋彰編訳『南方特別留学生トウキョウ日記―フィリピン人のみた戦時下の日本―』秀英書房、一九八二年
三島康雄ほか『第二次大戦と三菱財閥』日本経済新聞社、一九八七年
小林不二男『日本イスラーム史』日本イスラーム友好同盟、一九八八年
菊池俊吉・林重男「本土決戦『前夜』」『丸』41巻9号、一九八八年九月
原英章「戦時下、平岡ダムにおける中国人強制労働―「華人隊長」からの聞きとり―」『伊那』36巻11号、一九八八年一一月
山崎正男『陸軍士官学校』保存版、秋元書房、一九九〇年
入江克己『昭和スポーツ史論―明治神宮競技大会と国民精神総動員運動―』不昧堂出版、一九九一年
尾崎秀樹『近代文学の傷痕―旧植民地文学論―』岩波書店、一九九一年
奥平康弘監修『軍機保護法・軍機保護法要義・国防と写真の撮影』言論統制文献資料集成第18巻、日本図書センター、一九九二年
武田晴人『帝国主義と民本主義』日本の歴史19、集英社、一九九二年
大江志乃夫ほか編『膨張する帝国の人流』岩波講座近代日本と植民地5、岩波書店、一九九三年
大江志乃夫ほか編『抵抗と屈従』岩波講座近代日本と植民地6、岩波書店、一九九三年
中西立太『日本の軍装1930-1945』改訂版、大日本絵画、一九九三年
森武麿『アジア・太平洋戦争』日本の歴史20、集英社、一九九三年
江上芳郎『南方特別留学生招聘事業の研究』南方軍政関係史料24、龍渓書舎、一九九七年
周金波著／中島利郎・黄英哲編『周金波日本語作品集』緑陰書房、一九九八年
藤原義江『藤原義江　流転七十五年　オペラと恋の半生』日本図書センター、一九九八年
秋本実『日本陸軍制式機大観』酣燈社、二〇〇二年
有馬学『帝国の昭和』日本の歴史第23巻、講談社、二〇〇二年
福間敏矩『集成学徒勤労動員』ジャパン総研、二〇〇二年
藤田昌雄『もう一つの陸軍兵器史―知られざる鹵獲兵器と同盟軍の実態―』光人社、二〇〇四年
内海愛子『日本軍の捕虜政策』青木書店、二〇〇五年
中島岳志『中村屋のボース―インド独立運動と近代日本のアジア主義―』白水社、二〇〇五年
岸本美緒責任編集『東洋学の磁場』岩波講座「帝国」日本の学知3、岩波書店、二〇〇六年
倉沢愛子ほか編『戦場の諸相』岩波講座アジア・太平洋戦争5、岩波書店、二〇〇六年
倉沢愛子ほか編『日常生活の中の総力戦』岩波講座アジア・太平洋戦争6、岩波書店、二〇〇六年
倉沢愛子ほか編『支配と暴力』岩波講座アジア・太平洋戦争7、岩波書店、二〇〇六年
田中正人文／中西立太絵『図解日本陸軍歩兵』並木書房、二〇〇六年
吉田裕『アジア・太平洋戦争』シリーズ日本近現代史6、岩波新書、二〇〇七年
吉田裕・森茂樹『アジア・太平洋戦争』戦争の日本史23、吉川弘文館、二〇〇七年
A・M・ナイル著／河合昇訳『知られざるインド独立闘争―A・M・ナイル回想録―』新版、風濤社、二〇〇八年
小松久男『イブラヒム、日本への旅―ロシア・オスマン帝国・日本―』刀水書房、二〇〇八年
坂本勉編著『日中戦争とイスラーム―満蒙・アジア地域における統治・懐柔政策―』慶應義塾大学出版会、二〇〇八年
戸ノ下達也・長木誠司編著『総力戦と音楽文化―音と声の戦争―』青弓社、二〇〇八年
日印交流年実行委員会事務局編『インドからの道　日本からの道―「日印交流年」連続講演録―』出帆新社、二〇〇八年
朝日新聞社「写真が語る戦争」取材班『朝日新聞の秘蔵写真が語る戦争』朝日新聞出版、二〇〇九年
大門正克『戦争と戦後を生きる』全集日本の歴史第15巻、小学館、二〇〇九年
全国歴史資料保存利用機関連絡協議会編『劣化する戦後写真―写真の資料化と保存活用―』岩田書院、二〇〇九年
西成田豊『労働力動員と強制連行』日本史リブレット99、山川出版社、二〇〇九年
松長昭『在日タタール人―歴史に翻弄されたイスラーム教徒たち―』東洋書店、二〇〇九年
高野邦夫『軍隊教育と国民教育―帝国陸海軍軍学校の研究―』つなん出版、二〇一〇年

土田宏成『近代日本の「国民防空」体制』神田外語大学出版会、二〇一〇年
清水啓介『防空監視哨調査』私家本、二〇一一年
進士五十八『日比谷公園一〇〇年の矜持に学ぶ』鹿島出版会、二〇一一年
太平洋戦争研究会『『写真週報』に見る戦時下の日本』世界文化社、二〇一一年
高岡裕之『総力戦体制と「福祉国家」―戦時期日本の「社会改革」構想―』岩波書店、二〇一一年
和田春樹ほか編『アジア太平洋戦争と「大東亜共栄圏」1935-1945年』岩波講座東アジア近現代通史6、岩波書店、二〇一一年
アグスティン・サイス著／村上和久訳『日本軍装備大図鑑―制服・兵器から日用品まで―』原書房、二〇一二年
高嶋航『帝国日本とスポーツ』塙書房、二〇一二年
田中辰明『ブルーノ・タウト―日本美を再発見した建築家―』中公新書、二〇一二年
中野聡『東南アジア占領と日本人―帝国・日本の解体―』岩波書店、二〇一二年
後藤健生『国立競技場の100年―明治神宮外苑から見る日本の近代スポーツ―』ミネルヴァ書房、二〇一三年
戦時下勤労動員少女の会編『記録　少女たちの勤労動員―女子学徒・挺身隊勤労動員の実態―』改訂版、西田書店、二〇一三年
河西晃祐『大東亜共栄圏―帝国日本の南方体験―』講談社、二〇一六年
井上祐子「史料としての写真―写真史料の広がりと史料化のための課題―」『メディア史研究』第39号、二〇一六年二月
玉井清編著『『写真週報』とその時代（上）―戦時日本の国民生活―』慶應義塾大学出版会、二〇一七年
玉井清編著『『写真週報』とその時代（下）―戦時日本の国防・対外意識―』慶應義塾大学出版会、二〇一七年
土田宏成『帝都防衛―戦争・災害・テロ―』吉川弘文館、二〇一七年
源川真希『総力戦のなかの日本政治』日本近代の歴史6、吉川弘文館、二〇一七年
早稲田大学イスラーム地域研究機構「大日本回教協会旧蔵写真資料データベース」

〈第2部東南アジア編〉

《南方軍政関係史料、龍渓書舎発行》

比島調査委員会編『比島調査報告』第1巻、南方軍政関係史料11、寺田勇文・中野聡・早瀬晋三解説、一九九三年
日本のフィリピン占領期に関する史料調査フォーラム編『日本のフィリピン占領　インタビュー記録』南方軍政関係史料15、一九九四年
「日本のマラヤ・シンガポール占領期資料調査」フォーラム編『日本のマラヤ・シンガポール占領1941～45年　インタビュー記録』南方軍政関係史料33、一九九八年
『渡邊渡少将軍政関係史・資料』第5巻、南方軍政関係史料20、明石陽至編・解題、一九九八年
小野豊明・寺田勇文編『比島宗教班関係史料集』第1巻、南方軍政関係史料16、一九九九年
『軍政下におけるマラヤ・シンガポール教育事情史・資料』第2巻、南方軍政関係史料19、明石陽至解題、一九九九年
富集団司令部昭南・馬来軍政監部編『極秘戦時月報・軍政月報』第4巻、南方軍政関係史料18、倉沢愛子解題、二〇〇〇年

《一般書・雑誌》

大阪商船編『仏領印度支那写真集』大阪商船、一九四二年
日仏印親善協会・国際文化振興会編『印度支那』国際文化振興会、一九四二年
吉川英治『南方紀行』全国書房、一九四三年
「劇映画紹介」『映画旬報』第89号、一九四三年八月一日、（『資料・〈戦時下〉のメディア―第I期統制下の映画雑誌』『映画旬報』第50巻、ゆまに書房、二〇〇四年）
毎日新聞社編『フィリピン共和国　報道写真集』毎日新聞社、一九四四年
「対外宣伝映画選定委員会選定映画一覧表」『日本映画』改新12号、一九四四年十月一日、（『資料・〈戦時下〉のメディア―第I期統制下の映画雑誌』『日本映画』第31巻、ゆまに書房、二〇〇三年）
篠崎護『シンガポール占領秘録―戦争とその人間像―』原書房、一九七六年
防衛庁防衛研究所戦史室編『南西方面陸軍作戦―マレー・蘭印の防衛―』戦史叢書92、朝雲新聞社、一九七六年
早稲田大学社会科学研究所インドネシア研究部会編『インドネシア―その文化社会と日本―』早稲田大学出版会、一九七九年
E・J・H・コーナー著／石井美樹子訳『思い出の昭南博物館―占領下シンガポールと徳川侯―』中公新書、一九八二年
防衛庁防衛研究所戦史部編著『史料集　南方の軍政』朝雲新聞社、一九八五年
丸山静雄『インド国民軍―もう一つの太平洋戦争―』岩波新書、一九八五年
シンガポール市政会編著『シンガポール市史―戦時下のシンガポール―』日本シンガポール協会、一九八六年
小田部雄次『徳川義親の十五年戦争』青木書店、一九八八年
大江志乃夫ほか編『文化のなかの植民地』岩波講座近代日本と植民地7、岩波書店、

一九九三年
田中利幸『知られざる戦争犯罪―日本軍はオーストラリア人に何をしたか―』大月書店、一九九三年
横堀洋一編著『昭南新聞1942－1945　日本占領下のシンガポール　重要紙面縮刷版』五月書房、一九九三年
高嶋伸欣編著『マレーシア・シンガポール』写真記録東南アジア3、ほるぷ出版、一九九七年
西岡香織『シンガポールの日本人社会史―「日本小学校」の軌跡―』芙蓉書房出版、一九九七年
根本敬・村嶋英治編著『ビルマ・タイ』写真記録東南アジア4、ほるぷ出版、一九九七年
早瀬晋三・鈴木亮編著『フィリピン・太平洋諸国』写真記録東南アジア1、ほるぷ出版、一九九七年
古田元夫編著『ベトナム・ラオス・カンボジア』写真記録東南アジア5、ほるぷ出版、一九九七年
木畑洋一ほか編『日英交流史1600－2000〈2〉政治・外交Ⅱ』東京大学出版会、二〇〇〇年
明石陽至編著『日本占領下の英領マラヤ・シンガポール』岩波書店、二〇〇一年
平間洋一ほか編『日英交流史1600－2000〈3〉軍事』東京大学出版会、二〇〇一年
小倉貞男『ヴェトナム　歴史の旅』朝日選書609、朝日新聞社、二〇〇二年
ポール・H・クラトスカ著／今井敬子訳『日本占領下のマラヤ　1941－1945』行人社、二〇〇五年
『シンガポール都市論』アジア遊学№123、勉誠出版、二〇〇九年
リー・ギョク・ボイ著／シンガポール・ヘリテージ・ソサエティ編／越田俊・新田準訳『日本のシンガポール占領　証言＝「昭南島」の三年半』新訂版、凱風社、二〇一三年
小西誠『シンガポール戦跡ガイド―「昭南島」を知っていますか?―』社会批評社、二〇一四年
西原大輔『日本人のシンガポール体験―幕末明治から日本占領下・戦後まで―』人文書院、二〇一七年

〈第3部中国編〉

《戦史叢書、防衛庁防衛研究所戦史室著、朝雲新聞社発行》

『一号作戦2　湖南の会戦』戦史叢書16、一九六八年
『一号作戦3　広西の会戦』戦史叢書30、一九六九年
『昭和二十年の支那派遣軍1　三月まで』戦史叢書42、一九七一年
『北支の治安戦2』戦史叢書50、一九七一年
『中国方面陸軍航空作戦』戦史叢書74、一九七四年

《一般書・雑誌》

後藤朝太郎『最新支那旅行案内』改訂増補、黄河書院、一九四〇年（復刻版アジア叢書277、大空社、二〇一四年）
中村孝也『支那を行く』大日本雄弁会講談社、一九四二年
「文化映画作品評」『日本映画』改新11号、一九四四年九月一五日、（『資料・〈戦時下〉のメディア―第Ⅰ期統制下の映画雑誌―』『日本映画』第31巻、ゆまに書房、二〇〇三年）
岩波書店編集部・岩波映画製作所編『北京』岩波写真文庫221、岩波書店、一九五七年
横田省己「がんじがらめの言論」『週刊朝日』63巻21号、一九五八年五月一四日
毎日新聞社『日中戦争4』一億人の昭和史・日本の戦史6、毎日新聞社、一九七九年
槐樹会編『北支那開発株式会社之回顧』槐樹会刊行会、一九八一年
中村隆英『戦時日本の華北経済支配』山川出版社、一九八三年
石島紀之『中国抗日戦争史』青木書店、一九八四年
岡田春生『新民会外史―黄土に挺身した人達の歴史―』前編・後編、五稜出版社、一九八六～八七年
別所弥八郎『ある従軍カメラマンの証言』コープさっぽろ、一九九〇年
北京市政協文史資料研究委員会編／大沼正博訳『北京の日の丸―体験者が綴る占領下の日々―』岩波書店、一九九一年
大江志乃夫ほか編『帝国統治の構造』岩波講座近代日本と植民地2、岩波書店、一九九二年
小柳次一・石川保昌『従軍カメラマンの戦争』新潮社、一九九三年
堀井弘一郎「新民会と華北占領政策」上・中・下、『中国研究月報』第539～541号、一九九三年一～三月
關禮雄著／林道生訳『日本占領下の香港』御茶の水書房、一九九五年
平塚柾緒編著『日中戦争　日・米・中報道カメラマンの記録』翔泳社、一九九五年
小林英夫・柴田善雅『日本軍政下の香港』社会評論社、一九九六年
伊東昭雄・林敏編著『人鬼雑居　日本占領下の北京』社会評論社、二〇〇一年
王強「日中戦争期の華北新民会」『現代社会文化研究』第20号、二〇〇一年
藤崎武男『歴戦1万5000キロ―大陸縦断一号作戦従軍記―』中公文庫、二〇〇二年
波多野澄雄・戸部良一編『日中戦争の軍事的展開』慶應義塾大学出版会、二〇〇六年
益井康一『本土空襲を阻止せよ―従軍記者が見た知られざるB29撃滅戦―』光人社、

二〇〇七年
佐々木春隆『大陸打通作戦』光人社ＮＦ文庫、二〇〇八年
佐々木春隆『Ｂ29基地を占領せよ―10個師団36万人を動員した桂林作戦の戦い―』光人社ＮＦ文庫、二〇〇八年
春名徹『北京　都市の記憶』岩波新書、二〇〇八年
菊池一隆『中国抗日軍事史　１９３７‐１９４５』有志舎、二〇〇九年
石川禎浩『革命とナショナリズム１９２５‐１９４５』シリーズ中国近現代史3、岩波新書、二〇一〇年
菊地俊介「日本占領下華北における新民会の青年政策」『現代中国研究』第26号、二〇一〇年三月
堀井弘一郎『汪兆銘政権と新国民運動―動員される民衆―』創土社、二〇一一年
田中仁ほか『新図説中国近現代史―日中新時代の見取図―』法律文化社、二〇一二年
広中一成『ニセチャイナ―満洲・蒙彊・冀東・臨時・維新・南京―』社会評論社、二〇一三年
井上祐子「別所弥八郎とアジア・太平洋戦争末期の「報道写真」―大陸打通作戦従軍関連写真を中心に―」『立命館法学』第３４５・３４６号、二〇一三年三月
菊地俊介「日本占領下華北における新民会の女性政策」『現代中国研究』第32号、二〇一三年三月
貴志俊彦・白山眞理編『京都大学人文科学研究所所蔵華北交通写真資料集成』論考編／写真編、国書刊行会、二〇一六年
白山眞理・櫻井由理編『秘蔵写真　伝えたかった中国・華北―京都大学人文科学研究所所蔵　華北交通写真―』ＪＣＩＩフォトサロン、二〇一六年
小柳次一「従軍日記（一九四四年一〇月二六日～四五年二月十七日）」未刊行資料、平和祈念展示資料館蔵

〈コラム〉

④　原田良次『帝都防空戦記』図書出版社、一九八一年
鎌ヶ谷市郷土資料館編『戦争の記録と記憶 in 鎌ヶ谷―戦後60周年事業―』鎌ヶ谷市郷土資料館、二〇〇五年
白石良『特攻隊長のアルバム―Ｂ29に体当たりせよ・「屠龍」制空隊の記録―』改訂版、元就出版社、二〇一七年
⑤　フューゴ ウィルソン『〈図鑑〉世界のモーターサイクル』辰巳出版、一九九四年
菊池俊吉撮影／北川誠司解説『鋼鉄の最新鋭部隊　千葉戦車学校・騎兵学校』大日本絵画、二〇〇八年
⑥　原田健一「映画雑誌などの娯楽雑誌にみる検閲」、山本武利編集代表『虚脱からの目覚め』占領期雑誌資料体系大衆文化編①、岩波書店、二〇〇八年
山辺昌彦・井上祐子編『東京復興写真集１９４５～46―文化社がみた焼跡からの再起―』勉誠出版、二〇一六年
井上祐子「文化社撮影写真の特徴と意義―敗戦直後の写真とその利用をめぐって―」『政経研究』１０６号、二〇一六年六月
＊各学校・企業・団体等がウェブサイトで公開している公式サイトの沿革・歴史等も参照した。

・コレクション番号については、Ⅰは「青山光衛氏旧蔵東方社・文化社関係写真コレクション」を、Ⅱは「林重男氏旧蔵東方社・文化社関係写真コレクション」を表す。
・ファイル番号、シート番号、シート毎コマ番号は、公益財団法人政治経済研究所付属東京大空襲・戦災資料センターで所蔵されている当該写真のネガが収納されていたファイル番号またはファイル名、ファイル内のシート番号、シート内のコマ番号を表しており、政治経済研究所内の共同研究で作製・使用したデジタルデータの整理番号に一致する。

	撮影時期	撮影場所	コレクション番号	ネガ記号	ネガ番号	ファイル番号	シート番号	シート毎コマ番号
	1941 年冬頃	東京市小石川区金富町	Ⅰ			18	4	9
	1941 年冬頃	東京市小石川区金富町	Ⅰ			18	4	3
	(1945/1 頃)	東京都麹町区九段	Ⅰ	G ロ	276	14	4	1
	(1945/1 頃)	東京都麹町区九段	Ⅰ	G ロ	280	14	4	6
	1941/10	東京市麹町区九段	Ⅰ	E	238	6	19	15
	1941 年秋	愛知県名古屋市	Ⅰ	G	23	6	52	16
	(1941/10)	東京市渋谷区	Ⅰ	E	224	6	19	1
	1941 年秋	千葉県千葉市	Ⅱ	d	35	菊池夫人 2	22	23
	1941 年秋		Ⅰ	F	934	6	31	15
	1941 年秋	千葉県千葉市	Ⅱ	C	872	菊池夫人 2	29	8
	1941 年秋	千葉県千葉市	Ⅱ	C	870	菊池夫人 2	29	6
	1941 年秋	千葉県千葉市	Ⅱ	C	880	菊池夫人 2	29	18
	1941 年秋	千葉県千葉市	Ⅰ	E	657	6	20	27
	(1941/11 ～ 12 頃)	静岡県浜名郡神久呂村	Ⅰ	H	21	7	1	7
	(1942/3)	埼玉県大里郡三尻村	Ⅱ	K	542	封筒	K	2
	(1941/11 ～ 12 頃)	愛知県名古屋市	Ⅱ	I	4	菊池夫人 2	4	29
	1942 年夏	(茨城県新治郡石岡町)	Ⅰ	N	427	4	20	17
	(1942/9 頃)	東京市	Ⅰ	O	416	8	7	6
	(1942/9/21)	(埼玉県所沢市)	Ⅰ	O	481	8	9	14
	1941/9/22 ～ 23	東京市四谷区霞ヶ丘町	Ⅱ	A	889	明治神宮・中国	1	4
	(1941/11/3)	東京市四谷区霞ヶ丘町	Ⅰ	G	127	6	57	22
	(1941/11/3)	東京市四谷区霞ヶ丘町	Ⅰ	G	190	6	60	1
	(1941/11/3)	東京市四谷区霞ヶ丘町	Ⅰ	G	191	6	60	2
	(1941/11/3)	東京市四谷区霞ヶ丘町	Ⅰ	G	192	6	60	3
	(1941/11/3)	東京市四谷区霞ヶ丘町	Ⅰ	G	208	6	60	25
	1941/12/8	東京市麹町区	Ⅱ	I	339	菊池夫人 2	13	34
	1942/9/15	東京市麹町区日比谷公園	Ⅰ	O	399	8	6	7
	(1943/7)	東京都京橋区銀座	Ⅱ	B イ	425	album1	14	19
	(1943/7)	東京都京橋区銀座	Ⅰ	B イ	206	5	32	4
	(1943/7)	東京都京橋区銀座	Ⅰ	B イ	446	5	34	10

収録図版リスト

◉収録図版リスト凡例（はじめに、第１部～第３部、コラム）

・撮影者名、撮影時期、撮影場所については、推定の場合は（　）を付した。

・撮影場所については、日本国内で撮影されたものは、当時の行政区名を記した。東南アジア・中国で撮影されたものは、国名を記し、地域名等が判明している場合には地域名等も記した。シンガポール以外は当時の名称を記し、東方社の文字資料に記載がある場合は、その名称を記している。

番号	タイトル	シリーズ名	撮影者
0－1	東方社社屋正面	東方社建物	
0－2	東方社社屋増築工事	東方社建物	
0－3	東方社の制作物を見る陸軍報道部の軍人たち	報道部長会議、部員東方社来訪	
0－4	制作作業の様子を見る陸軍報道部の軍人たち	報道部長会議、部員東方社来訪	
1	靖国神社で整列する近衛騎兵	靖国神社　臨時大祭	関口満紀
2	名古屋城で整列する歩兵聯隊	名古屋城堀端を行進	関口満紀
3	歩兵部隊の野外演習	代々木練兵場	関口満紀
4	自転車部隊の野外演習	陸軍歩兵学校	（木村伊兵衛）
5	通信術の野外演習	通信術演習	
6	歩兵のポートレート①	陸軍歩兵学校	（木村伊兵衛）
7	歩兵のポートレート②	陸軍歩兵学校	（木村伊兵衛）
8	歩兵のポートレート③	陸軍歩兵学校	（木村伊兵衛）
9	戦車学校の演習	千葉陸軍戦車学校	
10	浜松陸軍飛行学校の飛行訓練	浜松陸軍飛行学校	関口満紀
11	熊谷陸軍飛行学校での訓示	熊谷陸軍飛行学校	（濱谷浩）
12	三菱重工業の航空機工場	三菱重工航空機	大木実
13	グライダーの飛行訓練	大日本飛行協会、滑空訓練	
14	東京府市航空青少年隊指導員作品展の会場	東京府市航空青少年隊指導員作品展	
15	軍用機の献納式	軍用機の献納式	
16	第 12 回明治神宮国民体育大会での水球の試合	第 12 回明治神宮国民体育大会夏季大会	
17	第 12 回明治神宮国民体育大会での体操	第 12 回明治神宮国民体育大会	
18	第 12 回明治神宮国民体育大会での国防競技①	第 12 回明治神宮国民体育大会	
19	第 12 回明治神宮国民体育大会での国防競技②	第 12 回明治神宮国民体育大会	
20	第 12 回明治神宮国民体育大会での国防競技③	第 12 回明治神宮国民体育大会	
21	第 12 回明治神宮国民体育大会での馬術演技	第 12 回明治神宮国民体育大会	
22	アジア・太平洋戦争開戦を祝う行事	太平洋戦争開戦	（大木実）
23	満洲建国 10 周年「慶祝の夕」	満洲建国 10 周年慶祝会	
24	ミラテスの店内	「ミラテス」という名の店	（林重男）
25	銀座を歩く人たち①	銀座の街	
26	銀座を歩く人たち②	銀座の街	

撮影時期	撮影場所	コレクション番号	ネガ記号	ネガ番号	ファイル番号	シート番号	シート毎コマ番号
1943 年夏	東京都麹町区永田町	Ⅰ	Aイ	540	3	11	10
1942 年秋	（東京市）	Ⅰ	U	132	2	3	6
1942/11	東京市京橋区木挽町	Ⅰ	V	329	9	54	8
1943/5	東京市本所区	Ⅰ	Aイ	172	3	2	27
1943 年夏	東京都麹町区	Ⅰ	Bイ	673	5	38	26
1943 年夏	東京都渋谷区	Ⅱ	Bイ	704	album2	14	2
(1943/7/16)	東京都麹町区丸ノ内	Ⅰ	Aイ	843	3	17	11
(1943/7/16)	東京都麹町区丸ノ内	Ⅰ	Aイ	830	3	16	28
(1943/4 ～ 5 頃)		Ⅰ	Aイ	234	3	5	22
1943 年夏		Ⅱ	Bイ	421	album1	14	9
1943 年夏	（愛知県西加茂郡挙母町）	Ⅰ	Bイ	834	5	43	5
(1943/7/2)	東京都北多摩郡村山村	Ⅰ	Aイ	487	3	10	25
1944/4/20	神奈川県高座郡相模原町	Ⅰ	Qイ	535	8	45	22
1944/4/20	神奈川県高座郡相模原町	Ⅰ	Qイ	562	8	47	14
(1944/9 頃)	三重県度会郡北浜村	Ⅰ	Uイ	731	9	40	8
(1944/9 頃)	三重県度会郡北浜村	Ⅰ	Uイ	987	9	49	26
(1944/5 ～ 7 頃)	東京都目黒区	Ⅱ	Sイ	79	album1	12	9
(1944/5 ～ 7 頃)	東京都麹町区九段	Ⅱ	Sイ	838	Eロ	4	27
1943/12/11	東京都麹町区日比谷公園	Ⅱ	Jイ	344	album1	17	12
1944/3/10	東京都麹町区有楽町	Ⅰ	Pイ	375	8	23	5
1944/3/10	東京都麹町区永田町	Ⅰ	Pイ	413	8	24	29
1944/3/10	東京都麹町区丸ノ内	Ⅱ	Pイ	202	album1	22	22
1944/5/5	東京都大森区	Ⅰ	Qイ	945	8	56	3
(1944/3 頃)	東京都渋谷区	Ⅰ	Pイ	535	8	26	13
1944/8 ～ 9	静岡県田方郡上狩野村	Ⅰ	Tイ	617	14	23	13
1944/8 ～ 9	静岡県田方郡上狩野村	Ⅰ	Tイ	767	14	28	1
(1944/3 頃)	東京都豊島区池袋	Ⅰ	Pイ	690	8	29	2
(1944/3 頃)	東京都豊島区池袋	Ⅰ	Pイ	706	8	29	20
(1944/5/24)	栃木県芳賀郡益子町	Ⅰ	Sイ	52	9	12	2
(1944/4 頃)	埼玉県浦和市	Ⅰ	Qイ	158	8	35	22
(1944 年秋)	東京都京橋区佃島	Ⅰ	Vイ	826	9	75	6
(1944/9 頃)	（東京都）	Ⅰ	Uイ	509	9	33	27
(1944 年秋)		Ⅰ	Vイ	925	9	79	1
(1944/5 ～ 7 頃)	茨城県那珂郡勝田町	Ⅱ	Sイ	665	album1	10	9
(1944/4 頃)	埼玉県浦和市	Ⅰ	Qイ		8	38	8
(1944/9 頃)	東京都北多摩郡三鷹町	Ⅰ	Uイ	455	9	31	20
1943/8/26	東京都麹町区丸ノ内	Ⅱ	Dイ	516	album1	22	30
1943/8/26	東京都麹町区丸ノ内	Ⅱ	Dイ	522	album2	17	5
1943/11/7	東京都麹町区日比谷公園	Ⅱ	Gイ	935	菊池夫人 1	4	40
1943/11/7	東京都麹町区日比谷公園	Ⅱ	Gイ	889	菊池夫人 1	2	24

番号	タイトル	シリーズ名	撮影者
27	永田町国民学校の女子児童	麹町区永田町国民学校	
28	街を歩く視覚障害者	浮浪者	
29	藤原義江歌劇団の「ローエングリン」	歌舞伎座でのオペラ・ローエングリンの公演	
30	大相撲の 1943 年夏場所	両国国技館での相撲	
31	宮城前の清掃奉仕	宮城前　清掃奉仕	桂小四郎
32	明治神宮鳥居前のお祓い	明治神宮	（林重男）
33	丸の内の防空訓練	丸の内防空訓練	
34	防空訓練に参加する警防団員	丸の内防空訓練	
35	オフィスのタイピストたち	オフィス、タイピスト	
36	日本光学工業の双眼鏡工場	双眼鏡工場	（林重男）
37	トヨタ自動車工業の工場	トヨタ自動車工場	林重男
38	東京陸軍少年飛行兵学校の操転器競走	東京陸軍航空学校	
39	陸軍士官学校卒業式①	陸軍士官学校卒業式	関口満紀
40	陸軍士官学校卒業式②	陸軍士官学校卒業式	関口満紀
41	明野陸軍飛行学校の生徒たち	明野陸軍飛行学校	
42	明野陸軍飛行学校の女性通信員たち	明野陸軍飛行学校	
43	陸軍輜重兵学校の実習	陸軍輜重兵学校	（林重男）
44	靖国神社の参道	靖国神社	（林重男）
45	少国民総蹶起大会での兵器説明	少国民総蹶起大会　1 日目	（林重男）
46	第 39 回陸軍記念日のパレード①	第 39 回陸軍記念日軍楽隊行進	（関口満紀）
47	第 39 回陸軍記念日のパレード②	第 39 回陸軍記念日軍楽隊行進	（関口満紀）
48	第 39 回陸軍記念日の駅頭大演奏	第 39 回陸軍記念日	（林重男）
49	大東亜戦争鹵獲兵器展視察の記念写真	外国武官の視察	長谷川一真
50	表参道での児童の駆け足	表参道での児童の駆け足	長谷川一真
51	青山学院緑岡初等学校児童と湯ヶ島国民学校児童の対面式	青山学院緑岡初等学校学童疎開	
52	落合楼での食事	青山学院緑岡初等学校学童疎開	
53	東京第二師範学校附属国民学校の防空訓練①	東京第二師範学校附属国民学校の防空訓練	長谷川一真
54	東京第二師範学校附属国民学校の防空訓練②	東京第二師範学校附属国民学校の防空訓練	長谷川一真
55	栃木県益子町の防空監視哨	益子町防空監視哨	関口満紀
56	藤倉工業浦和工場	藤倉工業浦和工場	関口満紀
57	東京石川島造船所で働く勤労動員の男子学徒	石川島造船所	（三宅澄）
58	三共の工場で働く勤労動員の女子学生	三共	
59	製糸工場で働く女性たち	女性の製糸作業	
60	日立兵器水戸工場	日立兵器水戸工場	（林重男）
61	藤倉工業浦和工場で合唱する労働者たち	藤倉工業浦和工場	関口満紀
62	日産厚生園でかぼちゃを収穫する女性たち	日産厚生園	小山進吾
63	第 2 回大東亜文学者大会①	大東亜会館で開かれた第 2 回大東亜文学者大会	
64	第 2 回大東亜文学者大会②	大東亜会館で開かれた第 2 回大東亜文学者大会	
65	大東亜結集国民大会①	大東亜結集国民大会	長谷川一真
66	大東亜結集国民大会②	大東亜結集国民大会	長谷川一真

撮影時期	撮影場所	コレクション番号	ネガ記号	ネガ番号	ファイル番号	シート番号	シート毎コマ番号
1943/11/7	東京都麹町区日比谷公園	Ⅱ	Gイ	890	菊池夫人 1	2	29
(1944/9 頃)	神奈川県横浜市	Ⅰ	Tイ	228	14	12	27
(1944 年秋)	神奈川県高座郡相模原町	Ⅰ	Vイ	173	9	65	22
(1944/9 頃)	神奈川県高座郡相模原町	Ⅰ	Tイ	341	14	16	22
1944/9/2	東京都	Ⅰ	Tイ	567	14	21	8
1944/9/2	東京都渋谷区大山町	Ⅰ	Tイ	571	14	21	12
1944 年夏	東京都渋谷区大山町	Ⅰ	Sイ	1006	9	30	26
1945/1/29	東京都芝区芝公園	Ⅰ	Fロ	901	6	50	22
1945/1/29	東京都芝区芝公園	Ⅰ	Fロ		6	50	23
1945/2/6	東京都葛飾区	Ⅱ	Gロ	529	album2	10	12
1945/2/6	東京都葛飾区	Ⅱ	Gロ	576	album2	11	23
1945/3/26	(長野県下伊那郡平岡村)	Ⅱ	Iロ	35	明治神宮・中国	2	5
1945/3/26	(長野県下伊那郡平岡村)	Ⅱ	Iロ	72	明治神宮・中国	3	7
1945/3/26	(長野県下伊那郡平岡村)	Ⅱ	Iロ	277	明治神宮・中国	8	24
1945/1/18	東京都日本橋区	Ⅰ	Fロ	245	6	39	21
1945/1/26	東京都京橋区築地	Ⅰ	Fロ	893	6	50	13
(1945/1)	東京都淀橋区 / 四谷区	Ⅱ	Fロ	171	album1	5	16
(1945/1)	東京都麹町区丸ノ内	Ⅱ	Fロ	221	album1	6	19
1945/1/22	東京都大森区市野倉町	Ⅰ	Fロ	343	6	41	26
1945/1/22	東京都大森区市野倉町	Ⅰ	Fロ	334	6	41	17
(1945/1)		Ⅱ	Fロ	175	album1	21	6
(1945 年冬)	東京都京橋区	Ⅰ	RP	649	B5	16	1
(1945/4 ~ 5 頃)	(千葉県)	Ⅱ	Jロ	300	album1	22	12
1945/4/2 頃	東京都西多摩郡吉野村柚木	Ⅰ	Iロ	8	2	16	8
1945/6/8	神奈川県川崎市	Ⅱ	Lロ	223	album1	8	15
1942/9	シンガポール	Ⅰ	1	18	17	175	6
1942/9/10	シンガポール	Ⅰ	2	2	17	178	2
(1942/9)	シンガポール	Ⅰ	2	22	17	179	10
(1942/9 ~ 10 頃)	シンガポール	Ⅰ		6	B6	14	6
(1942/9 ~ 10 頃)	シンガポール	Ⅰ	3	7	17	181	7
(1942/9 ~ 10 頃)	シンガポール	Ⅰ	4	30	17	184	6
(1942/10/10)	シンガポール	Ⅰ	5	10	17	186	10
(1942/9 ~ 10 頃)	シンガポール	Ⅰ	9	22	17	199	10
(1942/9 ~ 10 頃)	シンガポール	Ⅰ		10	B4	24	9
(1942/9 ~ 10 頃)	シンガポール	Ⅰ		2	B6	18	2
(1942/9 ~ 10 頃)	シンガポール/マラヤ	Ⅰ		4	B4	17	3
(1942/9 ~ 10 頃)	シンガポール	Ⅰ		5	B6	16	5
(1942/9 ~ 10 頃)	シンガポール	Ⅰ		9	B6	16	9
(1942/9 ~ 10 頃)	シンガポール	Ⅰ		9	B6	18	9
(1942/9 ~ 10 頃)	シンガポール	Ⅰ		12	B6	19	2

番号	タイトル	シリーズ名	撮影者
67	大東亜結集国民大会③	大東亜結集国民大会	長谷川一真
68	神奈川県警察練習所の留学生	神奈川県警察練習所（横浜警察練習所）の留学生	
69	ビルマからの陸軍士官学校留学生	陸軍士官学校のビルマ留学生	
70	中華民国からの陸軍士官学校留学生	陸軍士官学校の中華民国留学生、軍事演習	別所弥八郎
71	アブデュルレシト・イブラヒムの葬儀①	アブデュルレシト・イブラヒム葬儀	（三宅澄）
72	アブデュルレシト・イブラヒムの葬儀②	アブデュルレシト・イブラヒム葬儀	（三宅澄）
73	大日本回教協会の会合	東京回教学院	
74	ラース・ビハーリー・ボースの葬儀①	ラース・ビハーリー・ボース葬儀	菊池俊吉
75	ラース・ビハーリー・ボースの葬儀②	ラース・ビハーリー・ボース葬儀	菊池俊吉
76	新小岩操車場で働く国民学校児童①	新小岩操車場	（林重男）
77	新小岩操車場で働く国民学校児童②	新小岩操車場	（林重男）
78	中華民国興亜建設隊①	中華民国興亜建設隊のダム建設地での労働	（林重男）
79	中華民国興亜建設隊②	中華民国興亜建設隊のダム建設地での労働	（林重男）
80	中華民国興亜建設隊③	中華民国興亜建設隊のダム建設地での労働	（林重男）
81	日本橋白木屋付近	都内所見	関口満紀
82	築地野菜市場	築地野菜市場	菊池俊吉
83	新宿の街頭	新宿街頭	林重男
84	丸の内の集団歓送	丸の内街頭	林重男
85	栄養学校の防空訓練①	大森の栄養学校防空訓練	関口満紀
86	栄養学校の防空訓練②	大森の栄養学校防空訓練	関口満紀
87	空襲に備えた部屋で寝る子どもたち	空襲に備えた部屋での母子団らん	（林重男）
88	歩道に作られた防空壕に避難する人たち	銀座・日本橋防空訓練	光墨弘
89	貯蔵庫にドラム缶を運ぶ人たち	民間人による陸軍の「自揮」ドラム缶の運搬	林重男
90	吉野村柚木に墜落したB29の残骸	東京都吉野村柚木へのアメリカ軍B29墜落	関口満紀
91	空襲後の川崎市の出勤風景	空襲被害を受けた川崎	林重男
92	ラッフルズ像の撤去作業	シンガポール取材	光墨弘
93	忠霊塔の除幕式	シンガポール取材	光墨弘
94	連合国軍兵士の供養塔	シンガポール取材	光墨弘
95	昭南神社の階段を昇る日本軍軍人	シンガポール取材	光墨弘
96	チャンギ敵性国人収容所の視察	シンガポール取材	光墨弘
97	連合国軍捕虜	シンガポール取材	光墨弘
98	モスクで祈るイスラム教徒	シンガポール取材	光墨弘
99	東亜日本語学園	シンガポール取材	光墨弘
100	教室で勉強する少年たち	シンガポール取材	光墨弘
101	街を走る昭南市電	シンガポール取材	光墨弘
102	現地人の結婚式	シンガポール取材	光墨弘
103	インド国民軍①	シンガポール取材、インド国民軍	光墨弘
104	インド国民軍②	シンガポール取材、インド国民軍	光墨弘
105	演台に立つラース・ビハーリー・ボース	シンガポール取材	光墨弘
106	演台前のラース・ビハーリー・ボースら	シンガポール取材	光墨弘

撮影時期	撮影場所	コレクション番号	ネガ記号	ネガ番号	ファイル番号	シート番号	シート毎コマ番号
1943/8 ～ 11	フィリピン、(マニラ)	Ⅰ	Jイ	40	3	21	15
1943/8 ～ 11	フィリピン、(マニラ)	Ⅰ	Jイ	5	3	19	8
1943/8 ～ 11	フィリピン、(マニラ)	Ⅰ	Jイ	108	3	23	29
1943/8 ～ 11	フィリピン、(マニラ)	Ⅰ	Jイ	129	3	24	21
1943/8 ～ 11	フィリピン、(マニラ)	Ⅰ	Jイ	217ト	3	28	11
1943/8 ～ 11	フィリピン、(パサイ)	Ⅰ	Nィ	725	7	15	16
1943/8 ～ 11	フィリピン、(パサイ)	Ⅰ	Nィ	729	7	15	21
1943/10/6	フィリピン、マニラ	Ⅱ	Iイ	853	菊池夫人1	8	18
1943/10	フィリピン、マニラ	Ⅱ	Iイ	655	菊池夫人1	9	17
1943/8 ～ 11	フィリピン	Ⅰ	Nィ	771	7	17	9
1943/8 ～ 11	フィリピン	Ⅰ	Nィ	752	7	16	16
1943/8 ～ 11	フィリピン、マニラ	Ⅰ	Nィ	802	7	19	2
1943/8 ～ 11	フィリピン、マニラ	Ⅰ	Nィ	811	7	19	14
1943/8 ～ 11	フィリピン	Ⅰ	Nィ	875	7	21	26
1943/8 ～ 11	フィリピン	Ⅰ	Nィ	964	7	24	36
1943/11/21	フィリピン、マニラ	Ⅰ	Nィ		7	25	22
1944/7 ～ 12	仏領インドシナ、カンボヂヤ	Ⅰ	Eロ	170	10	7	10
1944/7 ～ 12	仏領インドシナ、ショロン	Ⅱ	Eロ	614	Eロ	7	38
1944/7 ～ 12	仏領インドシナ、サイゴン	Ⅱ	Xイ	988	Eロ	13	42
1944/7 ～ 12	仏領インドシナ、ハノイ	Ⅱ	Yイ	597	Yイ	7	83
1944/7 ～ 12	仏領インドシナ、ユエ	Ⅱ	Yイ	301	Yイ	4	33
1944/7 ～ 12	仏領インドシナ、カンボヂヤ	Ⅱ	Eロ	585	Eロ	7	35
1944/7 ～ 12	シンガポール	Ⅰ	Dロ	747	10	1	2
1944/7 ～ 12	シンガポール	Ⅰ	Dロ	748	10	1	3
1944/7 ～ 12	シンガポール	Ⅱ	Eロ	114	Eロ	2	3
1944/7 ～ 12	シンガポール	Ⅱ	Dロ	839	Yイ	10	66
1944/7 ～ 12	シンガポール	Ⅱ	Dロ	670	Yイ	11	68
1944/7 ～ 12	シンガポール	Ⅱ	Dロ	705	Lイ	14	10
1944/7 ～ 12	シンガポール	Ⅱ	Dロ	870	Yイ	10	97
1944/7 ～ 12	シンガポール	Ⅱ	Eロ	62	Eロ	1	51
1944/7 ～ 12	シンガポール	Ⅱ	Eロ	67	Eロ	1	56
1944/7 ～ 12	タイ、バンコック	Ⅰ	Dロ	978	10	4	9
1944/7 ～ 12	タイ、バンコック	Ⅰ	Eロ	248	10	8	19
1944/7 ～ 12	タイ、バンコック	Ⅰ		3	B7	1	6
1944/7 ～ 12	タイ、バンコック	Ⅱ	Dロ	935	Eロ	14	13
1944/7 ～ 12	タイ、バンコック	Ⅱ	Dロ	969	Eロ	14	54
1943/7 ～ 10 頃	中国、昌黎	Ⅱ	Kイ	151	Kイ	2	65
1943/7 ～ 10 頃	中国	Ⅱ	Kイ	532	Kイ	6	54
1943/7 ～ 10 頃	中国、天津	Ⅱ	Kイ	164	Kイ	2	78
1943/7 ～ 10 頃	中国、石景山	Ⅱ	Kイ	696	Kイ	8	9

番号	タイトル	シリーズ名	撮影者
107	看護婦養成学校の日本語の授業	1943年フィリピン取材	
108	病室での看護	1943年フィリピン取材	
109	礼拝堂で祈る女子学生たち	1943年フィリピン取材	
110	女子大学の日本語の授業	1943年フィリピン取材	
111	修道女と幼児たち	1943年フィリピン取材	
112	比島海員養成所①	1943年フィリピン取材、比島海員養成所	
113	比島海員養成所②	1943年フィリピン取材、比島海員養成所	
114	警察官訓練所の日本語の授業	1943年フィリピン取材、コンスタビラリー（警察隊）	関口満紀
115	警察官訓練所の野外訓練	1943年フィリピン取材、コンスタビラリー（警察隊）	関口満紀
116	竹槍訓練①	1943年フィリピン取材、竹槍部隊	
117	竹槍訓練②	1943年フィリピン取材、竹槍部隊	
118	キャポ教会の祭壇	1943年フィリピン取材、金曜日のキャポ教会及付近の雑踏	
119	キャポ教会の礼拝	1943年フィリピン取材、金曜日のキャポ教会及付近の雑踏	
120	民族舞踊①	1943年フィリピン取材、民族舞踊	
121	民族舞踊②	1943年フィリピン取材、民族舞踊	
122	リサール球場の慶祝大音楽会	1943年フィリピン取材、音楽使節（リサール球場）	
123	カオダイ教の建物	1944年インドシナ取材	大木実
124	チョロン付近の野外掲示板	1944年インドシナ取材、ショロン地区街頭風景	林重男
125	サイゴン市の馬車乗り場	1944年インドシナ取材、サイゴン市内街頭風景	林重男
126	ハノイ駅と駅前の通り	1944年インドシナ取材、ハノイ市内街頭風景	林重男
127	フエの現地人学校	1944年インドシナ取材、ユエの現地人学校	林重男
128	カンボジアの田植	1944年インドシナ取材、カンボジアの田植	林重男
129	シンガポールの街並①	1944年シンガポール取材	林重男
130	シンガポールの街並②	1944年シンガポール取材	林重男
131	昭南第一国民学校の避難訓練	1944年シンガポール取材、昭南特別市第一国民学校模範訓練	林重男
132	マレー人男子児童の体操	1944年シンガポール取材、昭南小学校	林重男
133	興亜学院①	1944年シンガポール取材、興亜学院	林重男
134	興亜学院②	1944年シンガポール取材、興亜学院	林重男
135	市民運動会	1944年シンガポール取材、昭南市民運動会	林重男
136	インド国民軍結成記念式①	1944年シンガポール取材、インド国民軍結成記念式	林重男
137	インド国民軍結成記念式②	1944年シンガポール取材、インド国民軍結成記念式	林重男
138	動物園のサル	1944年タイ取材	林重男
139	空襲被害の跡	1944年タイ取材	大木実
140	街頭ポスター展①	1944年タイ取材、街頭ポスター展	
141	街頭ポスター展②	1944年タイ取材、街頭ポスター展	（林重男）
142	街頭ポスター展③	1944年タイ取材、街頭ポスター展	（林重男）
143	養蜂	1943年中国取材、昌黎農場果樹園	林重男
144	トウモロコシ畑	1943年中国取材、収穫	林重男
145	塩田	1943年中国取材、塩田	林重男
146	石景山製鉄所	1943年中国取材、石景山製鉄所	林重男

撮影時期	撮影場所	コレクション番号	ネガ記号	ネガ番号	ファイル番号	シート番号	シート毎コマ番号
1943/7 ～ 10 頃	中国	Ⅱ	Lイ	189	Lイ	3	13
1943/7 ～ 10 頃	中国	Ⅱ	Lイ	314	Lイ	4	78
1943/7 ～ 10 頃	中国、北京	Ⅱ	Lイ	415	Lイ	6	9
1943/7 ～ 10 頃	中国、北京	Ⅱ	Lイ	678	Lイ	8	78
1943/7 ～ 10 頃	中国、北京	Ⅱ	Lイ	894	Lイ	11	35
1943/7 ～ 10 頃	中国、北京	Ⅱ	Lイ	951	Lイ	11	95
1943/7 ～ 10 頃	中国、北京	Ⅱ	Mイ	79	Yイ	8	147
1943/7 ～ 10 頃	中国、北京	Ⅱ	Jイ	981	Yイ	9	149
1943/10/26	中国、北京	Ⅱ	Kイ		Kイ	9	4
1943/10/26	中国、北京	Ⅱ	Kイ	845	Kイ	9	77
1943/10/26	中国、北京	Ⅱ	Kイ	847	Kイ	9	79
1943/10/26	中国、北京	Ⅱ	Kイ	975	Kイ	11	25
1943/7 ～ 10 頃	中国、北京	Ⅱ	Mイ	8	Yイ	8	158
1943/7 ～ 10 頃	中国、昌平県清河鎮	Ⅱ	Lイ	539	Lイ	7	35
1943/7 ～ 10 頃	中国、昌平県清河鎮	Ⅱ	Lイ	609	Lイ	8	5
1943/7 ～ 10 頃	中国、通州	Ⅱ	Lイ	689	Lイ	8	90
1943/7 ～ 10 頃	中国、通州	Ⅱ	Lイ	737	Lイ	9	46
1943/7 ～ 10 頃	中国、（北京）	Ⅱ	Kイ	995	Kイ	11	49
1944/9 ～ 10 頃	中国、北京	Ⅰ	Aロ	470	5	6	16
1944/9 ～ 10 頃	中国、北京	Ⅰ	Aロ	521	5	8	20
1944/9 ～ 10 頃	中国、北京	Ⅰ	Aロ	546	5	9	11
1944/9 ～ 10	中国、北京	Ⅰ	Aロ	630	5	12	17
1944/10/26	中国、北京	Ⅰ	Cロ	1022	6	16	4
1944/7 ～ 10 頃	中国、北京	Ⅰ	Vイ	340	9	71	18
1944/7/16	中国、北京	Ⅰ		8	B7	1	10
1944/9 ～ 10 頃	中国、北京	Ⅰ	Aロ	669	5	13	33
1944/9 ～ 10 頃	中国、北京	Ⅰ	Aロ	693	5	14	24
1944/10/26	中国、北京	Ⅰ	Cロ	925	6	12	23
1944/10/26	中国、北京	Ⅰ	Cロ	947	6	13	19
1944/10/26	中国、北京	Ⅰ	Cロ	967	6	14	6
1944/11 ～ 12	中国、桂林	Ⅱ	Eロ	768	Eロ	9	96
（1945/1）	中国、広東	Ⅰ	Gロ	239	14	2	21
（1945/1 ～ 2）	中国、韶関	Ⅰ	Iロ	898	2	23	18
（1945/1 ～ 2）	中国、韶関	Ⅰ	Iロ	1008	2	26	35
（1945/1）	中国、香港	Ⅰ	Iロ	1082	2	29	25
（1945/1）	中国、香港	Ⅰ	Iロ	1090	2	30	5
（1945/1）	中国、香港	Ⅰ	Jロ	38	3	31	4
1944/11 ～ 12	中国、桂林	Ⅰ	Fロ	4	6	33	4
1944/11 ～ 12	中国、桂林	Ⅰ	Fロ	20	6	33	20
1944/11 ～ 12	中国、桂林	Ⅱ	Eロ	742	Eロ	9	33

番号	タイトル	シリーズ名	撮影者
147	煙草工場	1943年中国取材、煙草	林重男
148	紡織工場	1943年中国取材、紡織	林重男
149	北京土木工程専科学校の授業風景	1943年中国取材、北京土木工程専科学校	林重男
150	北京聖心女子中学校の防空訓練	1943年中国取材、北京聖心女子中学校防空訓練	林重男
151	北京第四女子中学校の下校風景	1943年中国取材、北京市立第四女子中学校	林重男
152	北京大学医学院の授業風景	1943年中国取材、北京大学医学院	林重男
153	北京芸術専科学校の授業風景	1943年中国取材、北京芸術専科学校	林重男
154	天安門前の通り	1943年中国取材、北京市内	林重男
155	1943年新民青少年団総検閲大会	1943年中国取材、中華民国三十二年度新民青少年団秋季総検閲大会	林重男
156	天安門前の分列行進①	1943年中国取材、中華民国三十二年度新民会全体聯合協議会分列行進	林重男
157	天安門前の分列行進②	1943年中国取材、中華民国三十二年度新民会全体聯合協議会分列行進	林重男
158	1943年新民会全体聯合協議会会場	1943年中国取材、中華民国三十二年度新民会全体聯合協議会会場	林重男
159	新民会中央訓練所	1943年中国取材、新民会中央訓練所	林重男
161	北京軍官学校①	1943年中国取材、北京軍官学校	林重男
162	北京軍官学校②	1943年中国取材、北京軍官学校	林重男
163	通州軍士教導団①	1943年中国取材、通州教導隊	林重男
164	通州軍士教導団②	1943年中国取材、通州教導隊	林重男
160	華北綏靖軍	1943年中国取材、治安軍	林重男
165	北京の小学校	1944年中国取材、学校	関口満紀
166	北京の街頭風景	1944年中国取材、北京の街並と暮らし	関口満紀
167	北京の露店	1944年中国取材、北京の街並と暮らし	関口満紀
168	北京の野外音楽会	1944年中国取材、音楽会ラジオ放送	関口満紀
169	北京の街頭写真展	1944年中国取材、街頭移動展	関口満紀
170	故宮空撮	1944年中国取材、北京空撮	関口満紀
171	天壇祈年殿前の女性	1944年中国取材、ブローニー判カラー写真	関口満紀
172	勤労奉仕の男子学生①	1944年中国取材、学生の勤労奉仕	関口満紀
173	勤労奉仕の男子学生②	1944年中国取材、学生の勤労奉仕	関口満紀
174	1944年新民会全体聯合協議会会場	1944年中国取材、民国三十三年度新民会全国聯合協議会	関口満紀
175	1944年新民青少年団総検閲大会①	1944年中国取材、民国三十三年度新民青少年団総検閲大会	関口満紀
176	1944年新民青少年団総検閲大会②	1944年中国取材、民国三十三年度新民青少年団総検閲大会	関口満紀
177	桂林飛行場の破壊された米軍機	大陸打通作戦従軍関連、桂林	別所弥八郎
178	広東神社	大陸打通作戦従軍関連、広東	別所弥八郎
179	破壊された曲江橋	大陸打通作戦従軍関連、南部粤漢線沿線	別所弥八郎
180	脱線した列車	大陸打通作戦従軍関連、南部粤漢線沿線	別所弥八郎
181	香港の造船所①	大陸打通作戦従軍関連、香港	別所弥八郎
182	香港の造船場②	大陸打通作戦従軍関連、香港	別所弥八郎
183	香港海員養成所	大陸打通作戦従軍関連、香港（香港海員養成所）	別所弥八郎
184	演説をする「復興隊」の少年	大陸打通作戦従軍関連、桂林	別所弥八郎
185	荷物を運ぶ中国人たち	大陸打通作戦従軍関連、桂林	別所弥八郎
186	鉄道復旧作業	大陸打通作戦従軍関連、桂林	別所弥八郎

撮影時期	撮影場所	コレクション番号	ネガ記号	ネガ番号	ファイル番号	シート番号	シート毎コマ番号
1944/11 ~ 12	中国、桂林	Ⅱ	E ロ	903	E ロ	11	5
(1944/10 ~ 11)	中国、長沙	Ⅱ	E ロ	955	E ロ	11	57
1944/9 ~ 10	中国、北京	Ⅰ	A ロ	707	5	15	9
1944/10/10	中国、南京	Ⅰ	A ロ	862	5	20	7
(1945/1 ~ 2)	中国、広東	Ⅰ	I ロ	833	2	21	21
(1945/1 ~ 2)	中国、湖南省	Ⅰ	I ロ	962	2	25	13
(1945/1)	中国、香港	Ⅰ	J ロ	22	3	30	22
(1944/10 ~ 11)	中国、長沙	Ⅱ	E ロ	972	E ロ	11	74
(1944/10 ~ 11)	中国、衡陽	Ⅰ	F ロ	109	6	37	11
1944/12	仏領インドシナ、ドンダン	Ⅰ	F ロ	130	6	38	5
(1945/2 ~ 4)	中国、武漢	Ⅰ	I ロ	772	2	19	24
(1945/1)	中国、香港	Ⅰ	I ロ	1045	2	28	24
(1945/1)	中国、香港	Ⅰ	I ロ	1048	2	28	27
(1945/1)	中国、香港	Ⅰ	J ロ	13	3	30	13
		Ⅰ	A	32	18	8	2
1944/7 ~ 12	仏領インドシナ、サイゴン	Ⅱ	X イ	954	E ロ	14	5
		Ⅰ			13	1	8
		Ⅰ			13	13	1
1944/12	中国、柳州	Ⅰ	G ロ	202	14	1	15
1945/1/27	千葉県東葛飾郡鎌ケ谷村	Ⅱ	F ロ	1022	軍用機	3	30
1945/1/27	千葉県東葛飾郡鎌ケ谷村	Ⅱ	F ロ	1032	軍用機	3	40
1941 年秋	千葉県千葉郡二宮町	Ⅱ	D	802	菊池夫人 2	27	7
(1943/11 ~ 12)	静岡県浜名郡神久呂村	Ⅱ	RK	761	ブローニー	RK5	2
1946/4/7	東京都麹町区	Ⅰ	E	474	15	2	21
1946/5/1	東京都京橋区銀座	Ⅱ	F	275	戦後	5	11
1946/5/19	東京都麹町区	Ⅰ	G	378	17	108	9
1946/5/19	東京都麹町区	Ⅱ	F	280	戦後	5	16
1946/10/16	東京都麹町区有楽町	Ⅰ	I	668	17	44	3
1946/3/30	東京都麹町区日比谷公園	Ⅰ	E	507	15	3	24
1946/4/10	東京都淀橋区	Ⅰ	G	154	17	97	1
1946 年	神奈川県足柄下郡湯本町	Ⅱ	I	504	菊池夫人 1	6	24
1946 年	東京都	Ⅰ	G	558	17	113	9
1946 年	東京都四谷区霞ヶ丘町	Ⅰ			17	96	8

番号	タイトル	シリーズ名	撮影者
187	飛行場復旧作業	大陸打通作戦従軍関連、桂林	別所弥八郎
188	橋梁復旧作業	大陸打通作戦従軍関連、長沙	別所弥八郎
189	歌う高峰三枝子	大陸打通作戦従軍関連、音楽会ラジオ放送	別所弥八郎
190	国慶節の閲兵式	大陸打通作戦従軍関連、国慶閲兵典礼	別所弥八郎
191	広東の壁新聞展	大陸打通作戦従軍関連、広東	別所弥八郎
192	抗日宣伝壁画	大陸打通作戦従軍関連、南部粤漢線沿線	別所弥八郎
193	香港の競馬場	大陸打通作戦従軍関連、香港	別所弥八郎
194	長沙の空襲被害	大陸打通作戦従軍関連、長沙	別所弥八郎
195	衡陽付近の空襲被害	大陸打通作戦従軍関連、長沙～衡陽	別所弥八郎
196	ドンダンの空襲被害	大陸打通作戦従軍関連、インドシナ	別所弥八郎
197	武漢のパレード	大陸打通作戦従軍関連、武漢	別所弥八郎
198	香港の空襲被害①	大陸打通作戦従軍関連、香港	別所弥八郎
199	香港の空襲被害②	大陸打通作戦従軍関連、香港	別所弥八郎
200	香港の空襲被害③	大陸打通作戦従軍関連、香港	別所弥八郎
①－1	木村伊兵衛	社員顔写真	
①－2	大木実	1944 年インドシナ取材、サイゴン市内街頭風景	林重男
①－3	関口満紀	社員顔写真	
①－4	林重男	社員顔写真	
①－5	別所弥八郎	大陸打通作戦従軍関連取材、柳州	
④－1	搭乗の準備をする飛行第 53 戦隊隊員	飛行第 53 戦隊	林重男
④－2	訓示を聞く飛行第 53 戦隊隊員	飛行第 53 戦隊	林重男
⑤－1	95 式軽戦車とオートバイ（陸軍騎兵学校）	陸軍騎兵学校	（木村伊兵衛）
⑤－2	富士山を背に飛ぶ呑龍の編隊（浜松陸軍飛行学校）	浜松陸軍飛行学校	林重男
⑥－1	首相官邸前のデモ隊（幣原反動内閣打倒人民大会）	幣原内閣打倒人民大会、官邸前デモ	
⑥－2	第 17 回メーデーのデモ行進	第 17 回メーデー	林重男
⑥－3	飯米獲得人民大会での女性の演説	飯米獲得人民大会	
⑥－4	飯米獲得人民大会会場の占領軍軍人	飯米獲得人民大会	林重男
⑥－5	東宝組合員の日本劇場バルコニーでの寸劇	東宝争議	関口満紀
⑥－6	五大政党婦人代表立会演説会	五大政党婦人代表立会演説会	
⑥－7	衆議院議員選挙投票所前の女性たち	東京都淀橋区第五投票区衆議院議員投票所	
⑥－8	フラミンゴ・クラブでのダンス	「フラミンゴ・クラブ」でのダンス	
⑥－9	ソ連軍の軍人たち	ソ連軍軍人	
⑥－10	明治神宮外苑競技場で話をする皇太子と占領軍関係者	明治神宮外苑競技場	

参考図版リスト

番号	タイトル	所蔵者・出典
参考図版 1	東方社慰安旅行	『FRONT 復刻版　解説 II』
参考図版 2	国司羊之助の身分証明書	個人蔵
参考図版 3	『戦線』（タイトルなし、華僑向け）	個人蔵
参考図版 4	ビルマを題材にした小型宣伝物	個人蔵
参考図版 5	「東方社コレクション」のネガ収納箱	東京大空襲・戦災資料センター
参考図版 6	「東方社コレクションII」のネガとネガ収納箱	東京大空襲・戦災資料センター
参考図版 7	東方社の 35㎜フィルム用ネガファイル（表紙）	東京大空襲・戦災資料センター
参考図版 8	東方社の 35㎜フィルム用ネガファイル（表紙裏）	東京大空襲・戦災資料センター
参考図版 9	林重男のコンタクトプリント	東京大空襲・戦災資料センター
参考図版 10	東方社の 35㎜フィルム用ネガホルダー	東京大空襲・戦災資料センター
①－1	東方社初期の写真部員	濱谷浩写真資料館（片野恵介）
①－2	第 1 次文化社の写真部員	個人蔵
②－1	陸軍省報道部発行の「証明書」	濱谷浩写真資料館（片野恵介）
②－2	「写真撮影許可の件通牒」	濱谷浩写真資料館（片野恵介）
②－3	濱谷浩の撮影ノート	濱谷浩写真資料館（片野恵介）
②－4	満洲国建国十周年記念式典の写真と裏書	濱谷浩写真資料館（片野恵介）
③－1	今泉武治の 1942 年と 1943 年の日記帳	立命館大学人文科学研究所「今泉武治文庫」
③－2	今泉武治の 1942 年 4 月 1 日の日記	立命館大学人文科学研究所「今泉武治文庫」
③－3	『FRONT』「空軍号」日本語版	立命館大学人文科学研究所「今泉武治文庫」
③－4	中国向け宣伝物と裏書	立命館大学人文科学研究所「今泉武治文庫」
④－ 1	青木のアルバムより操縦席の青木哲郎	個人蔵
④－ 2	青木のアルバムより青木哲郎のポートレート	個人蔵
④－ 3	青木のアルバムより屠龍の前で話をする青木哲郎と大神祐彦	個人蔵
④－ 4	青木のアルバムより第 4 次第 3 震天隊	個人蔵
⑤－ 1	『FRONT』「陸軍号」	
⑤－ 2	『朝日新聞』1944 年 1 月 2 日朝刊	

編著者プロフィール

井上祐子（いのうえゆうこ）

1963年生れ。立命館大学国際関係研究科前期博士課程修了。現在、京都外国語大学非常勤講師、公益財団法人政治経済研究所主任研究員。専門は近現代日本の視覚メディア史。著書に『戦時グラフ雑誌の宣伝戦―十五年戦争下の「日本」イメージ―』（青弓社、2009年）、『日清・日露戦争と写真報道―戦場を駆ける写真師たち―』（吉川弘文館、2012年）、共編著に山辺昌彦・井上祐子編『東京復興写真集 1945～46―文化社がみた焼跡からの再起―』（勉誠出版、2016年）、論文に「写真家濱谷浩のグラフ・キャンペーン―一九五〇年代総合雑誌グラビア頁の試み―」（赤澤史朗・北河賢三・黒川みどり編『戦後知識人と民衆観』影書房、2014年）、「文化社撮影写真の特質と意義―敗戦直後の写真とその利用をめぐって―」（『政経研究』第106号、2016年6月）などがある。

秘蔵写真《ひぞうしゃしん》200枚《まい》でたどるアジア・太平洋戦争《たいへいようせんそう》
――東方社《とうほうしゃ》が写《うつ》した日本《にほん》と大東《だいとう》亜《あ》共栄圏《きょうえいけん》

2018年7月20日　初版発行

編著者
井上祐子

発行者
岡田林太郎

発行所
株式会社　みずき書林
〒150-0012　東京都渋谷区広尾1-7-3-303
Tel. 090-5317-9209 Fax.03-4586-7141
E-mail: rintarookada0313@gmail.com
WEB: https://www.mizukishorin.com/

印刷・製本
シナノパブリッシングプレス

本文デザイン・装丁
山本嗣也・黒田陽子・萩原睦（志岐デザイン事務所）

ISBN 978-4-909710-03-1 C0021